JN440032

달콤한 늦잠

달콤한 늦잠

초판 1쇄 발행 2025년 2월 15일

지은이 장혜순
펴낸이 이은재
편 집 권정근
디자인 이태호

펴낸곳 도서출판 그루
출판등록 1983. 3. 26(제1-61호)
주소 42452 대구광역시 남구 큰골 3길 30
전화 053-253-7872, 02-358-1161
팩스 053-257-7884
전자우편 guroo@guroo.co.kr

ISBN 978-89-8069-519-5

그루수필선 063

달콤한 늦잠

장혜순 지음

그루

책 머리에

수필이라고 펜을 끄적거린 지 30년이 넘었습니다. 제대로 된 작품 하나 빚어내지 못하고 보낸 세월이었습니다. 그렇게 또 한 해를 보내고 새해를 맞으면서 문득 내 수필의 현주소가 내려다보였습니다. 제대로 쓰려면 바닥을 정리한 후 새로 시작하는 것이 순서라는 깨달음이었습니다. 무모한 용기가 부끄러움에 체면으로 작용하였음을 고백합니다.

소리 없는 그리움이 창밖을 서성이고 있습니다. 글을 쓰는 동안은 참으로 행복했습니다. 스치는 한 조각 심상을 붙들고 다듬질하는 일이 즐거웠고요. 그것이 새로운 형상으로 나타난 어느 날은 심쿵하고 며칠 후엔 울컥하기도 했습니다.

이 자리를 빌려 고마움을 전하고 싶은 분들이 많습니다. 우선

때로 글의 줄기를 찾지 못하고 주춤거릴 때 정신이 번쩍 들도록 경적을 울려 준 조명래 수필가님의 격려가 큰 힘이 되었으며, 오랜 세월 함께해 온 선주문학회 회원들에게 고마움을 전합니다. 특히 초등학생 시절에는 학업의 길을, 성장하면서는 인간의 길을 밝혀 주신 남균 선생님께 큰절을 올리고 싶습니다.

기꺼이 내 수필의 주인공이 되어 준 부모님, 가족, 친구들, 그리고 집안의 화초 친구들도 고맙고, 언제 어디서나 함께하고 있는 딸 지언이와 아들 세환이에게 내 따뜻한 마음을 여기에 남깁니다.

살아오면서 늦잠 때문에 출근 시간을 맞추지 못해 발을 동동 굴렀던 적이 한두 번이 아니었습니다. 오랜 직장 생활에서 풀려난 후의 늦잠은 여유롭기는 해도 달콤하지는 않습니다. 돌아보니 달콤한 늦잠의 추억이 보석처럼 반짝이며 손짓하고 있습니다. 오늘은 어딘가에 숨어서 기다리고 있는 참신한 글감들을 찾아 나서야겠다고 다짐하면서, 겨울 햇살 한 자락을 목에 두르고 퇴근을 서두릅니다.

2025년 들머리에

은송 장혜순

차례

5

내 이름은 장 선생

⋮

6

산책길 풍경

⋮

1
사랑의 출입문

마치 아이가 어른 옷을 입고 있는 것 같았다.
하지만 그게 무슨 상관인가. 아버님의 사랑으로 만들어
커진 방문 덕택에 조금도 구부리지 않고
서서 드나들 수 있게 되었지 않은가.

친정 엄마

따르릉. 한참 꿈속을 헤매고 있는데 요란한 전화벨 소리가 울렸다. 시계를 쳐다보니 5시 50분이다. 느낌으로는 아직 꼭두새벽 같았다. 수화기를 들고 상대방을 확인하고서야 잠이 완전히 달아났다. 친정 엄마의 힘없는 목소리가 들려왔다. 웬만한 급한 일이 아니면 전화를 잘 안 하시는데 뭔가 심상찮은 일이 생긴 게 분명하다는 예감이 들었다.

"지언아! 자두 딸 때 되었는데 걱정이데이, 내가 요새는 몸살인지 온몸이 쑤시고 아파서 죽겠데이. 너 올케도 어디가 아픈갑더라, 우짜겠노. 죽으나 사나 니밖에 없는기라."

엄마는 늘 한숨부터 앞세우고 있다. 엄마의 말이 끝나기도 전에 눈물부터 나오려고 하는 것을 애써 참았다.

"토요일은 일찍 퇴근하니까 될 수 있으면 꼭 가도록 해 볼게요. 김 서방도 특별한 일 없으면 같이 가도록 할게요. 너무 걱정하지 마세요."

드디어 일요일이다. 시어머니도 허락해 주셨다. 남편은 집안일로 함께하지 못했다. 부득이 아이들만 데리고 나서야 했다. 매스컴에선 장마 시작이니 어쩌고 떠들었지만 다행히 비는 오지 않았다. 아이들은 그저 자두를 먹으러 외가에 간다는 것만 생각하고 좋아서 어쩔 줄 모른다. 모처럼의 친정 나들인지라 어머니를 위해 뭔가를 사야겠다는 생각으로 슈퍼에 들렀으나 나올 땐 빈손이다. 아무것이나 잘 드시지 않는 성미를 알기 때문에 살 만한 것이 없었다.

차를 탈 때 내 손에 들려 있는 것은 뜻밖에도 양념통닭이다. 따지고 보면 아이들 먹이려고 산 것밖에 되지 않는다. 엄마가 닭고기를 못 드신다는 생각을 미처 하지 못한 내가 갑자기 미워졌다. 도착하니 벌써 엄마는 자두밭에 가신 모양이다. 대문이 굳게 닫혀 있었다. 아이들을 앞세워 밭으로 향했다. 가게에 들러 그나마 엄마가 즐기시는 음료수 한 병을 샀다. 아이들은 마냥 좋아라고 떠든다. 들판이 온통 과일나무들로 가득한 걸 보고는 아무것이나 따먹으려 한다. 엄마가 계신 자두밭은 산밑에 자리하고 있었다. 꽤나 먼 거리였다. 엄마는 그곳에 키 낮은 원두막까지 만들어 놓으셨다. 닭고기를 꺼낸다. 누가 먼저랄 것도 없이 먹기에만 바쁘다. 엄마는 보고만 있어도 배가 부르시다며 시종일관 흐뭇해하셨다. 그러나 나는 웃을 수가 없었다. 자두를 열심히 땄다. 지금으로선 그 방법뿐이다. 딸아이도 한몫을 단단히 해낸다. 떨어진 자두를 찾아다니며 치맛자락에 주워 담고, 키가 작은 나무에 매달려 열심히 자두를 따는 모습이 귀엽기만 했다. 잠시나마 외손자 재롱에 엄마의 주름진 얼굴이 환하게 펴졌으면 좋겠다.

리어카에 자두 궤짝을 옮겨 실었고, 거기다 칭얼대는 아이들을 태웠다. 밀고 끌면서 난생처음 남자로 태어났더라면 하는 생각이 들었다. 엄마 혼자 무거운 리어카를 끌고 이렇게 먼 거리를 다녔을 것이라는 생각이 들자 어깨에 힘이 쑥 빠진다. 연로하신 엄마에겐 정말 무리였다. 엄마는 예순여섯의 나이에 비해 숱한 고난 때문인지 주름살투성이의 얼굴에다 육신은 야월 대로 야위어 한 줌이나 될까 싶었다. 그런 엄마를 위해 무엇을 해 드릴 수 있단 말인가. 엄마 곁에서 하룻밤도 못 자고 다시 집으로 가야 하는 딸이었다. 리어카를 끌고 내려온다. 자두나무의 싱싱한 잎사귀가 가냘프게 흔들린다.

아름다운 자연 앞에선 기뻐하며 감사하고, 역사 앞에선 겸손하고, 현재 안에선 자기 길을 찾으려는 자세로 살아가는 것, 그것만이 활기찬 생일까? 때론 여지없이 무너져 박살나고 싶은 감정의 위기도 경험한다. 생명이 다한 갈대처럼 서걱이는 모습의 엄마를 대하면, 증오나 경멸의 대상일 때의 사람은 더욱 강해질 수도 있나 보다. 지치고 포기한 듯한 모습, 슬픔이 어우러진 듯한 엄마의 음성이 내 마음을 울린다. '엄마! 오래 편히 사세요'라는 말을 차마 할 수가 없어 그냥 '건강하세요.'라는 말 한마디를 던지고 돌아섰다.

친정엄마!

혼자 계시는 친정엄마는 푸짐한 음식상 앞에서도 마음이 저리다. 잘 드시면 잘 드시는 대로, 안 드시면 또 그런대로. 결국 난 엄마 몰래 눈물을 훔친다. 아이들이 어느 날 각기 다른 집에서, 다른 환경과 조건에서 살아가는 모습이 생경하게 다가온다. 왜 지극히 당연한 사실이 문득 감성으로 젖어 오는지 모를 일이다. 냉장고에서 자두를 꺼내며 이 과일의 수분은 바로 엄마의 가슴으로 흐르는 땀이라는 생각이 든다.

장미 서른한 송이

한때 아이가 자라는 것은 경이로움으로 보였다. 매일매일 보는 아이는 자라는 것 같지 않았지만, 여름이 지나고 작년 가을 입었던 바지를 꺼내 입혀 보면 바지 자락 아래로 껑충 자란 아이의 종아리가 놀람과 기쁨으로 다가오곤 했다. '병치레 한 번에 재롱 한 가지씩'이라는 할머니의 말씀처럼, 고열에 시달리는 아이를 업고 가슴 졸이고 며칠이 지나면 부쩍 자란 아이는 재롱이 한 가지씩 늘어나곤 했다. 내 생각은 서둘러 앞으로 달려간다. 아이가 자라 학교에 입학하고, 중학교를 거쳐 고등학생이 되면서 아이들의 성장은 속도를 더해 갈 것이다.

아이는 작은 주먹을 불끈 쥐면서 때로 분노하고, 때론 절망도 하며 자란다. 조가비의 상처가 영롱한 진주로 잉태되듯이 젊은 날의 번뇌와 고민은 아이를 철들게 한다. 어미 사자는 새끼들을 절벽 밑으로 밀어뜨려 담력 있는 새끼를 선별한다고 한다. 강자만이 살아남는 동물의 세계에서 힘찬 새끼만을 강하게 키우려는 어미 사자의 지혜가 얼핏 잔인하게 생각되면서도 우리 인간은 어떤가 하는 의문이 든다.

이즈음은 핵가족이 되어 집집마다 아이들을 하나나 둘만 키운다. 밀림 속 동물의 세계보다 더 경쟁이 심한 오늘날 살아남기 위하여, 승자가 되게 하기 위하여 어머니들은 자녀들에게 마치 사자의 어미처럼 되어 버린다. 특히 입시 철이 다가오면 부모들은 마치 사자처럼 으르렁댄다는 느낌을 받는다.

입시생을 둔 어머니들이 조금씩 초조해지기 시작하는 초겨울 어느 날, 서울 모 학교 고3 아이가 숨졌다는 소식을 들었다. 독서실 버스에서 내려 집 옆 큰길을 건너다가 교통사고를 당했다는 것이다. 피로에 지친 고3 아이 특유의 표정과 여행 가방만큼이나 커다란 책가방을 가슴에 안은 아이들, 친구의 죽음을 슬퍼하는 모습이 겹쳐 떠오른다.

매섭고 맑은 초겨울 하늘에 문득 막내 시누이의 작년 대학 입시 시절이 보였다. 시누이에게 참 미안했다. 그즈음 나는 아이들을 시어머니께 돌봐 달라며 맡겨 놓고 맞벌이를 하던 때였기 때문이다. 고모가 입시 공부를 하는지조차 잘 모르는 철부지 어린 것들과 함께 지내다 보니 어찌 공부가 제대로 되겠는가! 막상 시험에 실패하고 보니 그 원인의 절반은 적어도 내게 책임이 있다는 생각이 들었다.

그러던 어느 날, 백일장 시상식이 있는 날이었다. 약속 장소에서 시누이를 기다리면서 참으로 많은 생각을 했다. 평소보다 조금 늦게 나타난 시누이는 내게 안개꽃과 어우러진 장미 서른한 송이를 주었다. 새언니 나이에 맞추어 사느라 서른한 송이를 샀다며 웃었다. 고맙다는 표현을 말로 하기엔 부족할 것 같아서 말없이 고개를 숙여서 장미 향기를 맡으니 감동의 눈물이 흘러내렸다.

책가방의 무게만큼이나 무거운 아이들의 삶과 그 갈등의 상처들을 딛고 세월은 흘렀다. 어느덧 시누이의 손에는 책가방 대신 핸드백이 들려졌다. 그녀는 이제 사회에서 자기 몫의 진주를 키우고 있다. 돌아보면 새언니가 상을 받는 기쁜 날, 축하의 장미 서른한 송이를 들고 나타났던 그날의 기억은 내 가슴속에 진주가 되어 있다. 시누이의 장미가 내 가슴에 진주로 커 가고 있다.

된장을 끓이며

된장을 가져왔다는 친정엄마의 전화를 받았다. 한증막 같은 한낮의 더위에 몸도 마음도 지친 채 잠시 누워 있는 중이었는데 용수철처럼 벌떡 일어났다. 갑자기 온몸에 생기가 돌면서 콧노래가 나왔다. 얼른 정류소로 마중을 나갔다. 벌써 한 달 전쯤부터 된장이 떨어져 청국장으로 대신하고 있던 중이었다. 아이들은 대문을 밀고 들어서면서 특유의 냄새 때문에 코를 막고 인상을 찌푸리고는 했었다. 이런 문제들이 해결된다고 생각하니 반가웠다.

된장을 건네주고는 그냥 돌아가겠다는 엄마의 손목을 잡아끌어 승용차에 태우고는 어느 때보다 조심하며 집에 도착했다. 오밀조밀 들어 있는 정성 어린 보따리를 풀어놓는 엄마를 찬찬히 바라보았다. 그때야 엄마의 한쪽 눈이 이상하다는 걸 발견했다. 엄마는 피곤해서 그렇다고 하신다. 자세히 보니 뭔가 막 같은 게 덮여 있었다.

당신 몸에 이상이 있음에도 불구하고 하나뿐인 딸이 맛있는 된장을 먹지 못하고 있다는 걸 아시고는 이렇게 부랴부랴 달려오신 것이다. 어느새 나도 이만큼 자랐는데 아직도 된장 하나 내 손으로 못 담그고 친정엄마의 손을 빌려야만 했는지 모르겠다. 힘없이 드리워진 엄마의 야윈 그림자를 보면서 차비에 보태 쓰시라고 몇 푼 손에 쥐여 드렸더니 어림없이 펄쩍 뛰신다. 워낙 완고하신 성격을 모르는 바 아니지만 이럴 땐 엄마가 야속하게 느껴진다. 결국 엄마의 고집을 이기지 못하고 친정 된장 갖다 먹으면 못산다는 말이 있으니 백 원짜리 하나만 달라시는 말씀에 따르고 말았다.

날이 갈수록 딸이 줄어든다는 방송을 보며 내게도 딸이 있다는 으쓱함을 가지곤 했는데, 이럴 땐 딸이 있어 무슨 소용이 있느냐 싶다. 당신께선 늘 열 아들 부럽지 않다고 하시지만 출가외인이 되고 보니 항상 두꺼운 벽 하나를 사이에 두고 숨바꼭질하는 기분으로 살게 된다. 노년엔 쓸 데가 없어도 주머니가 두둑해야 모두들 좋아하신다는데 엄마 용돈 한 번 변변히 드리지 못하고 어쩌다 남편과 상의할라치면 눈치 아닌 눈치가 보인다. 그래서 남편 모르는 비상금이 주부들에게도 필요하다고 들었다.

아픈 눈을 치료하러 병원에 모시려고 했지만 엄마는 집에 가서 곧 치료 받으러 가겠다며 한사코 뿌리친다. 내일 당장 병원에 들러 치료 받고 전화 연락해 달라는 말을 몇 번이나 했다. 엄마를 돌려보낸 후 곧장 딸아이에게 두부를 사 오게 했다. 냄비에는 아직 물만 끓고 있는데 집 안 전체 구수한 된장 냄새가 퍼지는 듯하다.

가족의 마음이 하나로

영글어 가는 계절의 기쁨이 온 들판에 흘러넘친다. 불볕더위가 가신 자리에도, 수마로 상처 난 논밭에도 어김없이 하늘이 내려 가을을 열어간다.

오늘도 통근 버스 창밖으로 보이는 들판의 찬란한 빛깔과 어우러진 허수아비를 보며 그 속에 겹쳐져 떠오르는 농부의 그을린 얼굴을 본다. 내 어릴 적의 허수아비는 가난했었다. 더 가난했던 허수아비는 송두리째 옷을 벗어 버리고는 보릿짚 사타구니를 훤히 드러낸 채 쌀쌀한 갈바람을 이겨 내야 했다. 그 시절의 허수아비는 볼품없는 가난뱅이였으나 제 몫을 해내는 멋쟁이였다. 그러나 요즘의 허수아비는 굉장히 사치스러워졌다. 빨간 모자에 금박 눌린 긴소매 꼬리를 걸친 멋쟁이도 있다. 요즘의 참새 떼는 허수아비가 허수아비인 줄을 너무도 잘 안다. 그래서 깔보기만 할 뿐, 조금도 무서워하는 빛이 없다. 새들이 허수아비를 두려워하지 않는 세상이 되어버린 것이다. 언제부턴가 새들도 사람이 사는 세상을 닮아 가고 있었다.

허수아비가 머릿속을 떠나지 않고 있다. 작년까지만 해도 직장 생활을 하며 농사짓는 남편과 함께 허수아비가 있는 들판에

서, 농약 치는 일도 거들고 새참도 머리에 이고 날랐었기 때문이다. 시댁은 시골이라 물론 남편의 직장 따라 분가할 수도 있었지만, 흔히들 맏며느리 시집살이라 하여 결혼 후 6개월을 남편과 떨어져 주말부부로 지내야 했다. 잠시나마 며느리와 함께 지내고 싶어하는 시아버지의 뜻에 따랐다. 시아버지 사랑은 며느리라 했지만 불행히도 난 그 넉넉한 사랑을 3개월밖에 받아 보지 못했다. 갑작스런 아버님의 비보는 남은 가족들에게 너무나 큰 충격을 안겨 주었다.

논밭의 곡식들과 특수작물로 심어 놓은 수박이 무엇보다 걱정이었다. 그때부터 시어머님과 수박밭에서 살다시피 해야 했다. 이웃 어르신들은 모자를 눌러쓰고 수박밭에서 일하는 새댁을 보고 무척이나 안쓰러워했지만, 그러나 어머님의 검게 그을린 얼굴과 속옷까지 흠뻑 젖신 땀에 비하면 난 아무 일도 아니었다. 아버님이 안 계시는 텅 빈 집은 쓸쓸하기만 했다. 네댓 마리의 어미 소가 큰 눈을 껌뻑이면 한숨부터 나왔다. 쇠똥에 미끄러져 넘어질 뻔한 적도 한두 번이 아니었다.

그 후 선산으로 분가하여 지금까지 살아오면서 막내가 세 살 때 맞벌이를 시작했다. 그동안 농사일까지 하느라 휴일에 야외

나들이 한 번 제대로 다녀 보지 못했던 우리 가족이다. 막내딸을 직장에 보내고 나서도 여생을 편하게 보내야 될 어머님께 어린 것들을 둘씩이나 떠맡겼으니 죄스런 마음을 가눌 길이 없다.

하늘 높은 줄 모르고 치솟는 집값을 지켜보다가, 우리도 마냥 남의 집만 전전하며 살 수만은 없다고 판단했다. 지난해 봄 어렵게 아파트 하나를 분양 받았다. 막상 시작해 놓고 보니 무리한 것 같기도 했지만, 우리 부부는 이를 악물고 목표를 달성할 때까지 허리띠를 졸라매자는 약속을 했다. 가진 자들이야 콧방귀 뀔 정도밖에 안 되는 금액이겠지만, 우리 형편으로선 너무도 벅찬 액수가 아닐 수 없었다. 아파트 대금 영수증을 몇 번 받고 보니, 통장이 바닥이 났다. 할 수 없이 시동생과 의논을 하였다. 시동생은 모습도 준수하지만 무슨 일에나 신중히 생각하여 행동하기 때문에 실수가 거의 없는 사람이다.

형제간에 물질적인 거래는 좋지 않다지만, 난 결코 그 금액뿐 아니라 따뜻한 마음까지도 함께 갚으리라 마음먹었다. 엄마 회사 가지 말라며 아침마다 매달리는 막내 녀석 때문에 속울음을 삼키며 출근을 했다. 어머님께서는 행여 감기라도 들세라 손자를 업고 살면서 지난날 수박밭에서 흘렸던 땀보다 더 많은 구슬땀을 흘렸다. 천 원짜리 한 장도 아끼려는 어머님의 절약 정신은 살아있는 교훈이었다.

가족 중 누구 하나 마음이 흩어지면 하고자 하는 일에 차질이 생긴다. 드디어 온 가족의 땀의 결실인 아파트 입주 통보를 받았다. 직장생활의 끝이 언제가 될는지 모르지만 퇴근길에 어깨에 수북이 쌓이는 달빛 먼지를 털어내며 내 사랑하는 가족이 있는 보금자리를 향해 힘찬 걸음을 내딛는다. 그동안 형님네 집 장만에 물심양면 같이 걱정을 해준 시동생과 하나뿐인 동서에게 꼭 고맙다는 말을 전해 주고 싶다.

사랑의 출입문

초록의 싱그런 풀 내음이 가슴까지 파고든다. 지금쯤 아버님의 묘소에도 잔디가 푸르게 웃음 짓고 있겠지, 우리네 인생살이도 항상 푸르름만 피어난다면 젊음을 언제까지나 유지할 수 있을 것이다. 젊은이들 속에 파묻혀 있는 이 순간 나이는 간데없고 오직 젊음만이 가득한 듯하다.

시골에서의 결혼 생활은 부딪히는 곳마다 불편함뿐이었다. 그 중에서도 지금까지 잊히지 않는 것은 집의 생김새였다. 밥상을 들고 좁은 툇마루를 거쳐 안방으로 들어가는데 방문이 얼마나 좁고 낮은지, 드나들 때마다 머리를 부딪히곤 했다. 눈물이 날 정도로 아플 때도 있었지만 시어른 앞이라 이를 악물고 참은 적이 한두 번이 아니었다. 내색은 하지 않았지만 속으로는 방문 좀 제발 크게 고쳐 주면 좋겠다는 생각을 얼마나 많이 했는지 모른다. 그런 어려움 속에서도 6개월 동안 남편과 떨어져 시집살이를 할 수 있었던 것은 시아버님의 사랑이 큰 자리를 차지했다. 며느리 사랑은 시아버지라 했던 말을 몸으로 느꼈다.

약주 한잔 드시고 기분이 좋아지면 종종 용돈을 주시기도 했다. 반찬을 할 줄 몰라 제대로 된 밥상 한 번 차려 드리지 못했지만 싫은 말씀 한마디 없었다. 어느 날 갑자기 아버님께서 방문을 고쳐야겠다고 하셨다. 나는 속으로 박수를 쳤다. 이제 더이상 이마랑 머리에 불룩한 혹을 달지 않아도 되었기 때문이다. 막상 고치고 나니 방은 아주 작아졌고 방문만 덩그러니 크게 자리잡고 있어 도무지 어울리지 않았고 우스웠다. 마치 아이가 어른 옷을 입고 있는 것 같았다. 하지만 그게 무슨 상관인가. 아버님의 사랑으로 만들어 커진 방문 덕택에 조금도 구부리지 않고 서서 드나들 수 있지 않은가.

그 뒤 아버님은 불과 몇 개월을 넘기지 못하고 이 세상을 하직

하셨다. 나도 남편을 따라 분가했지만 그 문에 대한 기억은 잊히지 않았다. 아버님의 사랑은 7년이 지난 지금도 멀고 가파른 아버님의 성묘길로 향하는 발걸음으로 이어지고 있다.

문에 대한 사회에서의 논란도 참으로 많이 일고 있다. 희망 학교, 직장에 들어가려는 취업에 대한 좁은 문이 우리 젊은이들을 슬프게 하고 있다. 그로 인하여 요즘 나라가 떠들썩한 부정 입시도 생겨난 게 아닌가. 날이 갈수록 방문과 창문은 넓어지는데 다른 모든 문들은 점점 좁아지고 있으니 심각한 일이 아닐 수 없다. 세상 살기 좋아졌다고들 말하지만 이렇게 자꾸만 좁아지고 있는 문을 통과해야 하는 눈앞의 학생들을 보니, 갑자기 내 가슴까지 답답해 옴을 느낀다. 끝 모르고 날로 심해지는 입시 경쟁의 해결책은 진정 없단 말인가. 그 옛날 아버님께서 고쳐주셨던 방문처럼 하루아침에 바로잡지 못한다 해도 한국인의 끈끈한 인내심이 한곳에 모이면 결코 어렵지만은 않을 듯싶다. 불편해서 사용하기 힘든 문은 고쳐야 되듯이 잘못된 사회와 나라의 문도 고쳐야 할 것이다.

오늘은 그동안 잊고 지냈던 아버님의 사랑이 다시 살아난다. 홀로 되신 어머님께 아버님의 몫까지 잘해 드려야겠다는 마음 다짐한다. 나의 기분을 알기라도 하는 듯 초록에 덮여 빛을 못 보던 낙엽이 벌떡 일어나 춤을 춘다.

TV가 고장난 덕분

친척집 다락에서 천대받고 있는 흑백텔레비전을 가져왔다. 아이들의 시력을 늦기 전에 조금이나마 보호해야겠다는 마음에서다. 큰아이는 이제 만화 보기를 졸업한 듯 덜하지만, 막내는 오후 여섯 시면 어김없이 TV 앞에 앉아 있다. 그런데 문제가 생겼다. 컬러가 아니라고 불평 한마디 없이 잘 보던 흑백텔레비전이 그만 고장이 난 것이다. 내심 잘됐다 싶으면서도 막내의 즐거움 한 토막을 뺏는 것 같아 조금 미안하기도 했다. 아이는 요술 상자인 TV에 쉽게 빠져 책을 멀리하였으니 이제라도 고장난 TV를 고맙게 여겨야 할까 보다. 아예 수리하지 말아야겠다는 생각도 해 본다. 막내는 따라다니며 TV를 고쳐 달라고 조른다.

문득 내 어린 시절 TV에 대한 동경이 떠오르면서 피식 웃음이 나왔다.

그 시절엔 TV가 귀했다. 100가구가 넘는 동네에서 불과 서너 집 정도밖에 없었으니까. 그 무렵 한창 인기 절정이었던 연속극 「여로」를 보려고 저녁을 일찍 먹고 오늘은 이 집, 내일은 저 집 동냥하듯 다녔다. 어떤 날은 방문을 열어 주지 않아 손가락에 침을 발라 문풍지를 뚫기도 했다. 살며시 봐야 되는데 서로 보려고 밀치다가 그만 주인에게 들키고 만다. 맘씨 고약한 주인 영감님이 지겟작대기를 들고 나오면 우리들은 걸음아 날 살려라 하고 줄행랑을 치곤 했다. 여름엔 밖에 내놓은 TV를 마당에서 보곤 했는데 많은 이웃들이 모여 마치 극장 구경을 방불케 했다. 몇 해가 지나면서 한 집, 두 집 TV를 들여놓기 시작했지만, 가난했던 우리 집은 그로부터 한참 뒤에야 살 수가 있었다. 참으로 어려웠던 시절이었다.

고장난 TV 덕분에 막내는 동화책을 가까이하고 있다. 이러한 변화가 언제까지 계속될지 여부는 어른들의 마음먹기에 달렸다.

고장난 TV를 수리하지 않으면 저절로 못 보게 되니까. 한편으로는 더위가 없고 파리, 모기가 없는 실내에서의 생활이 많아지는 몇 개월만이라도 책과 함께하며 아이가 마음을 살찌울 수 있었으면 하는 바람이다.

마음속 찌꺼기까지 세척해 줄 것같이 하늘이 깨끗하다. 축복이라도 받은 듯한 좋은 계절을 맞아 미처 못다 한 일들을 바지런히 서둘러야겠다. 구석구석 쌓인 먼지 털어 내고 또 닦아야겠다. 미루었던 책도 읽어야겠다. 생각하면 바쁘기만 하니 가만히 앉아서 TV 볼 시간이 없는 것도 다행이다.

그때 그 시절

"'나리 나리 개나리 입에 따다 물고요. 병아리 떼 뿅 뿅 뿅…' 엄마! 그다음은 뭐야?"

"응. 그다음은 말이야. '봄나들이 갑니다.'야. 어디 해 볼래?"

한 번 두 번 반복하다가 그 대목에 와서 막히곤 하니까 귀찮을 만큼 따라다니며 묻는다. 문득 진달래꽃 먹고 물장구치던 동심의 세계로 돌아가고 싶어진다.

그때는 보리밥 한 그릇에 풋고추가 반찬의 전부인데도 요즘의 불고기보다 맛있었다. 식은밥 한 그릇을 비우고 나면 고추 매운 냄새가 입 안에 가득하고 이마엔 땀이 송글송글 맺히곤 했다. 난

학교가 파하면 엄마를 졸라 고추전을 부쳐 먹는 일이 큰 즐거움이었다. 엄마 역시 고추전을 즐기셨기 때문에 배 속이 따가운 줄도 모르고 자주 먹을 수 있어 좋았다. 어디 그뿐이겠는가. 토요일이 되면 도시락이 없으므로 배고픔을 부엌 찬장에서 채웠다.

중간에 놀지 않고 곧장 집으로 달려와도 엄마는 벌써 점심을 드시고 오후 몫의 모내기를 가신 뒤였다. 그러면 책가방 내던지고 부엌으로 먼저 들어간다. 재래식 부엌의 그을음으로 시커멓게 변한 상보를 들쳐 본다. 엄마가 차려 놓고 가신 것이다. 많이 바쁘셨나 보다. 건멸치 그대로 고추장이 옆에 있고, 그래도 고추전이 남아 있으니 뭘 더 바라겠는가. 매일같이 모내기하시느라 허리가 아프셨을 텐데 부엌일까지 구부린 자세로 해야 했으니 그 고생이 짐작되고도 남는다. 요즈음 같은 입식 부엌을 꿈에서라도 그려 볼 수 있었던가. 세상 정말 많이 변했다. 그러나 그 당시 한 가지 좋았던 것은 물 먹는 일이다. 정수기가 필요 없었던 시절. 여름이면 얼음 같은 지하수를 마음놓고 마실 수 있었다. 냉수 한 사발을 들이키면 허기진 배가 남산만큼 불러 온다. 그러면 이웃집 숙이와 나물 캐러 가자는 약속을 한다.

그때만 해도 외할머니께서 정정하셨기 때문에 엄마는 당신 어머니를 뵈러 한 번씩 다녀오곤 했다. 그 무렵엔 구걸로 식사를 해결하는 걸인들도 많았다. 그래서 엄마가 친정 나들이를 가며 집 잘 보라는 당부도 무리가 아니었다. 그럼에도 불구하고 칼이랑 호미를 찾아 바구니도 제일 큰 것으로 골라서 들판으로 향한다. 냉이가 먼저 보인다. 바구니 하나 가득 담긴 나물을 보고 기뻐하실 엄마 얼굴이 떠올랐기 때문이다.

시간 가는 줄 모르고 나물을 캐다 보니 어느덧 서산에 해가 지고 있었다. 집집마다 된장찌개 냄새 구수하고, 굴뚝에선 연기가 그림처럼 피어오르는 평화로운 시골의 저녁 시간이다. 집 앞에 오니 옆집에선 벌써 솥뚜껑 여닫는 소리 아득히 들린다.

부랴부랴 지은 밥이 삼층밥이 되었고 산지기 일을 나가셨던 아버지가 늦으셨다며 지게 하나 가득 나무를 지고 오는 모습이 나를 더욱 바쁘게 했다. 대충 상 차려 오빠와 세 식구 오순도순 가장자리 타지 않은 밥만 골라 먹었다. 아버지는 내가 한 밥이 엄마 솜씨보다 낫다며 일부러 맛있다고 하신다. 그때 불쑥 대문 소리가 들렸다. 내 작은 가슴은 드디어 콩콩 방망이질을 시작했다. 엄마가 나물 바구니를 보셨는지 나를 쳐다보는 눈빛이 달라졌다.

"집 잘 보라고 그만큼 일렀는데 우째 그리 말도 안 듣노, 응? 너거 오빠 등록금 보태 줄려고 장판 밑에 넣어뒀는데, 있는지 없어졌는지 빨리 찾아보거래이. 없기만 해 봐라, 가만히 놔두지 않을끼구마. 다리 몽댕이 분질러 놓을 줄 알아라." 겁에 질린 눈으로 얼른 아버지를 쳐다보니 괜찮다는 듯 빙그레 웃고 계셨다. 난 구세주라도 만난 듯 안도의 숨을 내쉬었다. 먹다 남은 밥그릇을 다시 쥐었으나, 어머니 눈치 보느라 밥이 입으로 들어가는지 코로 들어가는지 몰랐다.

20여 년이 지난 얘기지만 요즈음 아이들처럼 꾀부릴 줄 모르고 순진하게 매사에 열심이었던 것만은 사실이었다. 부모님 말씀이라면 콩을 팥이라 해도 거역할 줄 모르고 곧이들었던 그때에 비하면 요즘 아이들은 너무 겁이 없는 것 같다. 그때 그 시절이 새삼 그리움으로 되살아난다. 내 아이들에게도 어른을 공경하고, 조심할 줄 아는 지혜를 가르쳐야겠다. 이번 일요일엔 모든 일 제쳐 두고 아이들과 친정엄마를 뵈러 가야겠다.

엄마, 우리 엄마

칠월이라 무더위가 온몸에 달라붙기 시작한다. 휴식 시간에 습관처럼 휴대 전화를 찾았다. 부재중 전화가 와 있다. 친정에서 온 것이다. 조카가 근무 시간에 두 번씩이나 전화한 것을 보니 분명 무슨 급한 일임이 틀림없다. 전화를 걸었다. 예감은 적중했다. 친정엄마가 병원에서 MRI 촬영을 하고 있다는 것이다. 무슨 일인지 더이상 물어볼 겨를이 없다. 빨리 가 봐야겠다는 생각뿐이다. 곧바로 퇴근을 서둘렀다. 이날따라 택시의 속도는 느리기만 했다. 병원에 도착하니 가족들이 눈에 들어왔다. 휠체어에 앉아 있는 엄마를 발견한 순간 일단 안도의 한숨이 나왔다. 엄마! 하고 울어 버렸다. 혹시나 하는 불길함으로 떨다가 살아 있다는 것만으로 얼마나 감사했는지 모른다.

뇌졸중이란다. 울지 마라 하는 엄마의 말투가 어눌했다. 바른쪽 팔다리가 말을 듣지 않는다며 입원을 했다. 6개월 진단이 나왔지만 연로한 나이가 걱정이다. 노점상 사십 년 세월에 쓰러지던 날도 몸은 시장 바닥이었다. 대파 한 단을 팔아 손자 군것질거리도 사고, 밤 한 되 팔아 두부 한 모 식탁에 보태었다. 회사동료가 지나가면 배추 한 포기라도 손에 쥐여 보내야 직성이 풀리는 한 고집하는 우리 엄마다. 어느 날은 배가 남산만 한 새댁이 오이를 사더니 그 자리에서 맛있게 먹더란다. 그런데 엄마는 그 새댁을 보며 딸이 생각났다고 한다. 우리 딸 임신했을 때 먹고살기 바빠 좋아하는 사과 한 번 실컷 못 사 줬노라고. 그런 날은 남는 게 없어도 우선 사과부터 사 놓고 본다. 그때는 몰랐다. 멀미가 심해 시내 짧은 거리도 버스를 잘 못 타면서 사과 보따리 이고 선산 정류장에서 나를 찾을 때 그냥 심심해서 오신 줄 알았다. 병실에서 사과만 봐도 또 나를 찾는 엄마. 언제까지나 건강할 줄만 알았던 우리 엄마! 이 미련하고 무심한 딸년이 엄마 생각한답시고 이사도 엄마 가까이 와 놓고 정작 자주 찾아뵙지는 못했던 것이다.

입원한 지 일주일이 되었다. 퇴근 후 곧 병원으로 향한다. 그런데 오늘따라 기분이 영 안 좋아 보인다. 이유인즉 물리치료사가 맘에 들지 않아 간호사와 실랑이를 했단다. 기분이 나쁘다며 저녁도 먹지 않았단다. '우리 딸이 매일같이 오는데 힘들어서 안 된다'고 치료기를 큰 놈으로 하면 빨리 낫지 않겠냐며 억지를 부린 것이다. 웃음이 나왔다. 입은 웃고 있는데 눈엔 눈물이 흐른다. 그렇게 또 며칠이 지난 어느 날, 병실에 들어서니 엄마의 머리가 대머리가 되어 있었다. 자원봉사자님께 머리 감기도 안 좋은데 다 깎아 달라고 했다는 것이다. 엄마의 머리를 보고 또 울었다. 눈물을 보이지 않으려 침대 머리맡의 창문을 여니 엄마의 깎은 머리를 구경하러 온 듯 모기 한 마리가 쫓아 들어온다. 오랜 세월 시장에서 세상 구경 다 하다가 병실에 갇혀 얼마나 갑갑했으면 모기도 친구인 양 그냥 내버려두란다.

그렇게 잔인한 칠월이 가고, 연일 폭염 특보가 이어지는 팔월이 왔다. 너무 더워서 엄마의 환자복을 걷어붙이고 물수건으로 등과 가슴을 닦아 드렸다. 그러다가 새로운 사실을 발견했다. 엄마는 왜소한 체구라 가슴도 다 말라붙어 없을 줄 알았다. 그런데 너무 크지도 작지도 않은 통통하니 보기 좋은 엄마의 젖가슴은 서른다섯이나 적은 딸의 가슴보다 나았다. 하기야 내 가슴은 아스팔트에 붙은 껌딱지라는 것을 알 만한 사람은 다 아는 사실이다. 그러고 보니 엄마하고 같이 목욕탕 간 지가 오래다. 가자고 하면 시장의 채소가 시들면 못 판다 하시며 다음에 가자고 차일피일 미루고 집에서 씻으면 된다고 하신 게 이제 생각해 보니 한 푼이라도 아끼며 살려는 뜻이었다.

그러던 엄마가 우리 엄마가 한쪽 팔다리를 병원에 맡기고 왼손으로 밥을 먹고 계신다. 요사이 며칠째 입맛이 없다며 수저를 들지도 않고 있다. 병실 문을 나서는 발걸음이 천근만근이다. 은근히 입맛도 까다로운 엄마의 입맛을 무엇으로 돌려놓을까 걱정하며 운전하다가 목적지를 지나칠 뻔했다.

한 달 두 달 지나고 내일이면 십이월이다. 이제 화장실 가는 길이 조금 수월해지고 있다. 내 작은 소망 하나, 해가 바뀌기 전에 우리 엄마 혼자서 화장실만이라도 갈 수 있었으면 좋겠다. 따뜻한 내복 한 벌 준비해야겠다.

손자 보기 프로젝트

딸내미가 친구 결혼식에 간다고 아이들을 좀 맡아 달라고 했다. 스물여섯에 결혼한 딸은 친구들의 결혼식에 참석할 때는 큰 손자 때부터 데리고 움직여야 했다. 직장 생활 하느라 손주를 거의 돌봐 주지 못해 항상 미안한 마음을 가지고 있던 나는 이 참에 손주들을 봐 주겠노라 큰소리쳤다. 위로 두 손자를 한두 번 봐 준 경험이 있고 막내가 딸이라 수월할 것 같았다. 그때까지만 해도 막내 손녀가 첫돌을 갓 넘긴 엄마 껌딱지라는 것은 미처 생각하지 못했다.

결혼식이 오후에 있고 거리도 제법 되는 곳이어서 마음을 비웠다. 딸이 막내 몰래 현관문을 나가자마자 팔까지 걷어붙이고 대망의 손자 보기 프로젝트에 돌입했다. 몸으로 노는 것을 좋아하는 손자들은 소파에 오르내리고, 집 뒤편에서 제법 크게 들리는 기차 소리를 쫓아 뒷 베란다로 거의 달리기를 했다. 뛰어가다 부딪혀서 넘어지기도 하고, 둘이서 투닥거리며 몸싸움까지 난리도 아니다.

두 오빠의 큰 목소리에 막내 손녀까지 덩달아 입을 삐죽거리며 울먹울먹했다. 손녀 기저귀 한 번 갈아준 것밖에 없는데 벌써 점심시간이다. 허겁지겁 빨리 먹던 큰손자는 갑자기 "할머니, 토할 것 같아요" 한다. 에고, 이게 뭔 일이여! 급히 변기 앞으로 데려갔다. 한바탕 소동을 치르며 점심을 끝내고 나니 손자들이 집 안에서만 노는 게 답답했던지 "할머니! 놀이터에서 좀 놀다 오면 안 돼요?" 한다. 오빠들이 나가자 손녀는 잠투정을 시작했다. 안고 업고 급기야는 자장가까지 동원했다.

남매를 키우며 불렀던 자장가를 오랜만에 기억 속에서 불러냈다. "엄마가 섬 그늘에~ 굴 따러 가면~ 아기가 혼자 남아~ 집을 보다가~" 칭얼거리던 손녀가 조용해졌다. 업은 채 거울에 비춰보니 눈만 초롱초롱했다. 안 되겠다 싶어 기억을 더듬어 다른 자장가를 또 불러주었다.

허리가 뻐근할 정도로 한참 업었더니 등이 후끈했다. 손녀가 내 등에 딱 붙어 잠이 든 것이다. 속으로 만세를 부르며 침대에 눕히려고 살금살금 안방으로 들어갔다. 30년 전 딸내미를 재웠던 그 자세로 손녀를 무사히 눕히는 데 성공했다. 방문을 살며시 닫고 돌아서는데 "으앙~" 소리가 났다. 허리 한 번 못 펴고 다시 손녀를 들쳐 업었다. 안으면 팔이 아파 그나마 업는 게 편했다. 그래도 손녀라서 그런지 내 아이 키울 때처럼 짜증까지 나진 않았다.

친구들과 기차 타고 결혼식에 참석한 뒤 바로 올 거라고 했던 딸은 감감무소식이다. 늦가을에 땀을 한 바가지 흘리며 저녁까지 먹이고 오매불망 딸이 오기를 기다렸다. 낮잠을 제대로 못 잔 막내가 엄마를 찾으며 울기 시작했다. 안아주고 업어줘도 소용없었다. 그나마 두 오빠가 낯익어서인지 들여다보고 어르고 하면 잠시 울음을 멈췄다.

늦은 저녁 드디어 딸한테서 전화가 왔다. "결혼식 뒤풀이로 한잔씩 하고 기차를 탔는데 그만 잠이 들어 내려야 될 곳에서 두 정거장이나 지났어요." 오! 마이 갓! 목덜미를 잡으며 '정신 차려 열차 알아보고 안 되면 택시 타!' 고함을 지르고는 전화를 끊었다.

온종일 뛰노느라 피곤했는지 어느새 두 손자의 눈엔 잠이 한 보따리 매달려 있다. 막내는 울다 지쳤는지 이제는 칭얼거리기만 했다. 평소엔 주말 드라마 한 편 보고 나면 저녁 시간이 금방 가는데, 왜 그렇게 시간이 안 가는지 애꿎은 시계만 보고 또 봤다.

차 소리로 시끄럽던 창밖이 조금씩 조용해지고 깜깜해졌을 때야 다행히 손자들이 잠자리에 들었다. 곧 막내도 제풀에 지쳐 할머니 품에 안겨 쌔근쌔근 숨소리만 냈다. 딸내미를 눈 빠지게 기다리던 어미의 긴 목은 더 길어졌다. 이제는 무사히 집에 오기만 바랄 뿐이다.

배꼽시계가 힘없이 울리기에 생각해 보니 손주들 밥 챙겨 주느라 정신없어서 밥을 먹는 둥 마는 둥 했다. 배고픔도 잊은 채 사이좋게 잠든 손주들을 번갈아 바라보니 세상 행복했다. '울 손주들, 할머니가 많이 사랑한다.' 잠든 아이들 덕에 마음이 안정을 찾았을 때야 현관문에서 '삐 삐삐' 소리가 났다. 반사적으로 현관 쪽을 바라보는 내 눈은 이미 풀려 있었다. 딸 역시 종일 피곤했으리라 싶어 잔소리는 내일로 미뤘다. 딸이 피식 웃으며 고개도 제대로 못 들고 "엄마! 힘들었지? 늦어서 미안해요."라며 땀으로 얼룩진 내 어깨를 포근히 감싸안는다.

"예전엔 미처 몰랐는데 아이 셋을 낳아 키우다 보니 엄마 심정 알겠어요. 엄마도 우리 키우느라 얼마나 힘들었을지 알아요." 딸이 결혼하고 난 후 처음 듣는 소리였다. 그 말을 듣는 순간 종일 쌓였던 피로가 한꺼번에 사라지는 느낌이다. 우리 딸 이제 철들었네! 이불자락을 살며시 당겨 잠든 손자들을 덮어준다.

딸보다 사돈

멀고도 너무 멀어 자주 보지 못하는 딸이 오늘따라 많이 보고 싶다. 외손주 삼 남매의 얼굴도 딸의 볼우물과 함께 따라온다. 그 뒤를 그림자처럼 말없이 따라오시는 또 다른 얼굴. 바로 사돈이다. 장마가 본격적으로 시작되지도 않았는데 바람이 몹시 불더니 친구인 비까지 데리고 왔나 보다. 오늘 내리는 빗줄기는 왜 이리도 강하고 쉬 그칠 줄을 모르는지 잠시 원망스럽기까지 했다. 그건 사돈과의 만남에 방해가 되기 때문이다.

사부인으로부터 걸려 온 전화 한 통은 주름살이 늘어가는 내 안면 근육을 활짝 펴게 했다. 틈틈이 농사지은 자두를 주신다고 했다. 이때부터 조금씩 내리던 빗줄기가 두 시간쯤 지났을까, 사돈어른이 트럭을 몰고 내가 사는 아파트 지하 주차장에 도착할 때는 앞이 안 보일 정도로 빗줄기가 굵어졌다. 안절부절못하는 내 손에는 약간의 블루베리가 들려져 있었고 큰 우산을 받고 지하 주차장으로 가 보니 가지고 오신 농작물을 차에서 내리고 계셨다.

비가 오거나 말거나 내가 누군가에게 뭔가를 줄 때는 상관없다. 하지만 지금은 어렵다는 사돈 앞이라 황송해서 몸 둘 바를 모르겠다. 손에 든 블루베리를 공손히 내밀며 이건 없으시죠 하니 아, 네 하시며 늘 그렇듯 함박웃음을 선물한다. 우중에 받은 귀한 선물인 자두, 파를 들고 우산 끝으로 흘러내리는 빗물이 감자 박스에 방울방울 떨어지는 것도 모르고 한참이나 그렇게 서 있었다.

딸아이가 사돈의 며느리가 된 지도 어느덧 십 년이 가깝다. 누군가에겐 짧은 세월이고 또 다른 누군가에겐 지겹고 긴 세월일 수도 있다. 사회생활 한 번도 못 해보고 결혼한 딸이 늘 걱정이었다. 하지만 그건 내 기우였다. 여태껏 한 번도 내 앞에서 시댁

험담을 하거나 신랑 자존심을 무너뜨리는 그런 말을 한 적이 없다. 친정엄마니까 아주 가끔은 넋두리를 해도 받아줄 수도 있는 것을.

세상에서 가장 힘든 일은 사람의 마음을 얻는 것이다. 딸이 사돈의 어진 마음을 얻었는지 사돈이 딸의 부족한 마음을 감싸안았는지 나는 모른다. 다만 사돈하고 대화를 할 때도 늘 며느리 자랑이다. 사부인의 은혜로움에 나로서는 그저 감사할 뿐이다.

두 해 전쯤의 일이다. 사위가 업무상 스트레스를 받는다는 얘기를 들은 적이 있다. 직장을 그만두고 싶다는 말까지 딸을 통해 들었을 때 청천벽력 같은 심정이었다. 그런데 딸은 달랐다. 사람이 살고 봐야지 직장이야 또 알아보면 되고 그렇게 생각 없이 행동하는 사람이 아니라는 것이다. 그래도 나는 아니었다. 계획 없이 셋째가 태어났고 요즘 대세인 맞벌이 가정도 아닌지라 걱정이 이만저만 아니었다. 이때도 사부인이 농작물을 갖고 오셨다가 사위 걱정을 해 주셔서 큰 위로가 되었다.

딸은 셋째를 낳았다. 그해 가장 큰 기쁨이어서 설거지를 하는데 콧노래가 절로 나온다. 하지만 걱정거리는 또 이어진다. 산후

조리가 문제였다. 산모는 조리원을 이용하면 되는데 위로 두 아들을 맡길 데가 필요했다. 양가 엄마들이 일을 하고 있어서 난감했다. 그나마 다행인 것은 사부인이 시간을 내기가 좋은 일을 하고 계셔서 개구쟁이 손자 둘을 한 달씩이나 거두어 주셨다. 시도 때도 없이 뛰어다니니 아래층에서 시끄럽다고 할까 봐 아침만 먹고 나면 밖에 데리고 나가셨다고 들었다. 나는 주말만 되기를 기다렸다가 만나곤 했는데 죄송한 마음이 컸다.

작년 오월의 황금연휴에 모든 일 다 접어두고 강원도행 차표를 끊었다. 도착하자마자 사위의 직장 문제를 꺼내었다. 딸이 제 남편의 대답을 가로채어 막내 때문에 힘들어하니까 육아 휴직을 냈다는 말을 한다. 그래도 퇴직이 아니고 휴직이라 다행이라 싶었다. 나는 별 도움을 주지도 못하고 그저 애만 태웠지만 둘이서 얼마나 마음고생이 심했을까 생각하니 짠해진다.

무조건 참으라고만 했던 쉰세대 장모와는 달리 남편의 기도 살리고 슬기롭게 육아 휴직으로 대처한 딸 내외가 참 대견스러웠다. 이렇게 또 한 걸음 성장하는 법을 배웠구나 싶었다. 이제 강원도에 사는 딸네 걱정일랑 접어두고 내 건강이나 신경 쓰면 될 일이다.

창틈에서 기다리고 있던, 아침에 사돈이 보내온 농작물로 요리를 했다. 잘 익은 자두 하나 입에 넣고 팍신팍신 삶은 감자로 입이 호강한다. 딸보다 사돈이다.

2
마음 하나 못 비우고

간만에 책상에 앉아 붓을 드니
한결 가벼워진 것은 붓만이 아니다.
마음 하나 못 비우고 먼 길을 돌아서 가다니!
마음보다 몸이 먼저 반기는 것 같다.

보람을 키우는 희진이

며칠 전 새벽이었다. 뒤뜰에 고목이 다 된 감나무 한 그루가 서 있는데 꼭대기에 까치 몇 마리가 '후드득 후드득' '깍깍' 활기찬 날갯짓을 하며 아침을 열고 있는 모습이 눈에 들어왔다. 매일 아침 드나드는 곳인데 그날따라 까치 울음소리가 컸기 때문일까? 감나무에는 제 몸 하나 감싸 줄 잎사귀 하나 남아 있지 않았지만 까치밥 몇 개는 악착스레 매달려 있다. 까치와 함께 어우러진 멋진 풍경이 다가온다. 대문 앞마당에 떨어져 있는 조간신문을 집어 든다.

언제부터인가 구독 신청을 하지 않았음에도 신문 한 부가 마당에 떨어지기 시작했을 때 궁금증이 일기 시작했다. 가족들에게 물어보았지만 아무도 내막을 아는 이가 없었다. 까치와 만난 날 아침에도 신문이 떨어졌던 대문 쪽으로 시선을 집중시키고 있었다. 아니나 다를까 그날도 어김없이 툭 하는 둔탁한 소리와 함께 정확히 반으로 접힌 신문 한 부가 제법 높다 싶은 대문을 날아와 마당으로 떨어지는 게 아닌가! 기회를 놓칠세라 얼른 대문을 열고 밖으로 고개를 내밀었다.

얼른 돌아서는 아이가 있었다. "네가 누구니? 희진이잖아! 언제부터 시작했니? 춥겠구나." 놀람에 단호했던 내 목소리는 어느새 부드럽게 변했다. 희진이는 너무 일찍 들켰다는 생각에서인지 수줍은 듯 머리를 긁적이며 씨익 한 번 웃고는 제집으로 들어가 버린다. 궁금증의 대상이었던 희진이는 바로 옆집에 사는 중학교 1학년짜리였다.

많이도 컸구나! 지금 살고 있는 집에 이사를 왔을 때 희진이는 초등학교 3학년 말썽꾸러기였다. 그 애는 제 엄마의 심부름보다 내 심부름을 더 즐겨 해 주었던 반면 우리 애들의 장난감이나 세발자전거는 그 아이의 손에 온전하지 못했다. 그래도 딸아이는 오빠야! 하며 가는 곳마다 귀찮을 만큼 따라다녔다. 짓궂은 구석

이 있는 희진이에게 가끔씩은 머리를 한 대씩 쥐어박히기도 했다. 그랬던 아이가 지금 내 앞에 제법 의젓한 모습으로 서 있는 것이다. 몸과 마음이 몰라보게 자란 희진이 앞에서 내 자신을 돌아보게 된다. 희진이는 여전히 옆집 아줌마인 나를 잊지 않고 옆집 아저씨인 남편을 생각했던 것이다.

따뜻한 아랫목에 자꾸만 미련이 남는 시간에 시계 초침과 각축전을 벌이면서도 벌떡 일어났다. 정말 일어나기 싫다. 게을러

지려는 마음을 털어 버리고 일어난 새벽은 기분이 좋다. 신문을 펼치니 한 생각이 스친다.

고마웠다. 신문을 꼬옥 움켜쥐니 희진이의 체온이 느껴지는 듯하다. 흐뭇한 마음을 반겨주기라도 하듯 세상에서 처음으로 솟아오는 듯한 돋을볕이 나의 눈썹에 맺혀 있다. 이마에 맺힌 보람을 닦아 내며 아침밥을 맛있게 먹고 있을 옆집 희진이에게 언제나 희망의 햇살이 가득했으면 좋겠다.

결코 가난하지 않은 희진이네 가정인데도 새벽 단잠을 설쳐가며 찬바람을 가르는 그 애는 무슨 생각을 할까. 그런 정신으로 공부에 임하면 반드시 성적이 향상될 것이다. 멋진 사람으로 성장하리라는 믿음이 다가온다. 달아났던 까치들이 다시 우리 집 감나무 위에 하나 둘씩 날아든다. 상쾌한 새벽이다.

이사 가던 날

4월 하늘의 솜털 구름이 유난히 눈에 들어오는 날 이사를 했다. 남편은 막내를 데리고 이사 갈 집 방 가장자리에 소금을 뿌리며 액운을 물리치는 시늉을 했다. 조금 우습기도 했지만 어려운 일이 아닌지라 두고 보았다. 마음속으로는 알지 못할 어떤 기대감 같은 것이 솟아올랐다. 이사를 하기 얼마 전, 가까운 곳에 제법 이름이 알려졌다는 보살 집을 찾았다. 결혼 후 세 번째 이사지만 길일을 알아보러 다니기는 이번이 처음이다. 가슴속에 야릇한 파문이 인다.

내가 왜 이렇게 변했을까. 마음이 약해져서일까. 아니면 나도 어쩔 수 없이 구세대로 물러난 것일까. 엉뚱한 생각만 하다 보니 보살의 구구절절한 말은 귀에 들어오지도 않고 좋다는 날짜만 외워서 돌아왔다. 꼬깃꼬깃 접혀진 만 원짜리 한 장을 내밀고는 혹시 오천 원쯤 되돌려 주지 않을까 엉거주춤하고 있으니 웬걸 당연하다는 듯 잘 가라는 인사로 발길을 돌리게 한다. 쫓기듯이 대문을 나선다. '그래 말로 안 하길 잘했지. 하마터면 세상 물정 모르는 꽉 막힌 젊은이라고 답답해했을 게 아닌가. 물가가 참 많이도 올랐지.' 불현듯 십 년 전의 일이 생각난다.

흔히 말하는 결혼 적령기의 나이쯤 되었을 때다. 친구들과 대구 달성공원에 놀러 갔다가 공원 주변에 즐비하게 늘어서 있는 철학관 간판을 보았다. 처음엔 별다른 생각 없이 몇이나 되는지 점포 수만 세며 걸었는데 친구 중 누군가 불쑥 "우리 한번 들어가 볼까?" 하는 것이다. 우리는 크게 한바탕 웃었다. 할머니같이 구닥다리 소리만 골라서 한다고 핀잔까지 주면서 말이다. 그런데 한편으론 호기심이 발동하기 시작했다. 차비 빼고 남는 돈 모아서 우리 언제쯤 시집가면 좋은지 물어보기로 했다. 여럿이 한꺼번에 들이닥치니 점잖아 보이는 풍채가 대단한 할아버지는 웬 횡재냐는 듯 곰방대를 빼끔대며 안경 너머로 눈이 왕방울만 해진다. 서로 먼저 앞세우며 겸연쩍어했다. 쑥스러움을 감추지 못하며 묻는 대로 생년월일과 이름을 알려 주었다. 틈틈이 깜짝깜짝 놀라기도 하고 얼굴에 화색이 돌기도 하면서 한마디도 놓치지 않으려고 귀를 쫑긋 세운 채 열심히 들었다. 친구들의 얘기는 모두 거짓말 같았다. 드디어 내 차례가 되었다. "장혜순이라고 했지" 하며 책을 몇 장 넘기더니 "이름이 너무 드세어 남자로 태어났더라면 출세를 했을 텐데 쯧쯧쯧 허나 남편 복 자식 복은 있겠구먼." 아마 그랬던 것 같다. 삼천 원을 달라고 하기에 오백 원을 참새 입방아로 깎고 그 돈으로 입이 얼얼하도록 아이스크림을 사 먹었다.

그날 이후 어디에 물어보는 것은 이번이 처음이다. 과연 어디까지를 믿느냐 하는 것은 사람마다 다를 것이다. 내 생각으론 좋다는 말은 믿고, 불길한 말은 아예 못 들은 걸로 해 버리는 게 상책이 아닌가 싶다. 어떻게 생각하느냐에 따라 기분이 좌우되기 때문이다. 불길한 숫자로 인식되어버린 4월에 결행한 이사지만 난 조금도 개의치 않는다. 꽃 피는 4월. 희망의 4월로 생각할 수도 있는 것이다. 운명은 주어지는 게 아니라 만들어 간다는 말에 박수를 보낸다.

고맙습니다

연일 폭염이 계속된다. 코로나 감염자가 벌써 20일째 1,000명대를 기록하고 있다. 더위야 뭐 여름이라 그렇다 치더라도, 코로나 백신 접종 예약도 좀처럼 수월해질 기미가 보이지 않는다. 게다가 나는 언제 끝날지 모르는 고통 하나를 더 달고 생활하고 있다. 지난 5월 말 양쪽 발 무지외반증 수술을 받았다. 그 후 두 달째 외출도 못하고 집콕 생활을 하고 있다. 딸은 결혼해서 멀리 강원도에 살고 있고, 남편은 딸보다 더 먼 곳으로 떠난 지 어느덧 10년이 넘었다. 지금은 유일한 가족인 아들과 함께 살고 있다. 그러다 보니 인터넷 쇼핑을 자주 이용하게 된다. 내가 자유롭게 회사를 다닐 때만 해도 자기가 좋아하는 수박 하나 제 손으로 사지 않았고, 집안일은 아예 거들떠보지도 않았던 아들이다.

사람은 경험해 보지 않으면 모른다고 했다. 엄마가 환갑에 양쪽 발 수술을 해서 난생처음 8박 9일 동안 병원 생활을 하고 걷기도 힘든 상태로 퇴원했을 때 아들은 난감했을 것이다. 설거지도 해야 되고, 분리수거, 청소, 장보기 등 평소 손도 대지 않았던 일들을 경험하게 되었다. 그래도 걱정했던 것과는 달리 불평 없이 잘 도와주었다. 장보기 목록에 없었던 수박도 얹어서 사 온 날, 나는 아들이 사 온 수박을 한참이나 보고 또 보았다.

수술한 지 두 달을 맞은 지금은 다시 조금씩 집안일이 원래의 위치로 돌아오고 있다. 딱 한 가지 장보기는 아직 힘들다. 하는 수 없이 오늘은 스마트폰을 들고 장을 보고 있다. 세상이 얼마나 좋아졌는지 손가락 터치 몇 번이면 문 앞에 물건이 도착해 있다. 처음 쇼핑했을 땐 너무 신기해서 실감이 나지 않았다. 낚시를 즐기는 아들의 낚시용품을 비롯하여 구입한 물건들이 사흘이 멀다 하고 문 앞에 배송될 땐, “뭘 이렇게 자주 사느냐”며 한마디씩 했었지만 요즘엔 내가 더 물건을 기다린다.

집에만 있다 보니 폭염, 폭염 해도 피부로 느끼는 온도는 별로 높은 줄 모르고 지내다가 며칠 전 한낮에 분리수거차 나갔다가 열기에 깜짝 놀랐다. 우리 집 13층 엘리베이터 문이 열리니, 위에서 타고 내려오는 택배 기사가 얼굴 가득 구슬땀을 송골송골 매달고 있었다.

"더우시죠?"

"네 오늘은 그래도 좀 나은 것 같네요."

그사이 엘리베이터는 11층에 멈췄다. 기사는 잠시 내려 현관문을 열어 놓고 기다리는 아주머니께 물건을 전달하였다. 그동안 나는 당연한 듯 엘리베이터를 잡고 있었다. 인상 좋아 보이는 11층 아주머니의 손엔 큰 식혜 병과 종이컵이 들려 있었다. 시원해 보이는 식혜 한 잔 받아들고 꾸벅 인사를 하며 돌아서는 기사의 뒤로 보이는 아주머니의 얼굴이 너무도 행복해 보였다. 어쩌면 당연한 일인데 내려가지 않고 기다리고 있는 나에게도 가벼운 목례를 한다.

그 짧은 순간에 많은 생각이 스쳤다. 엘리베이터가 1층까지 내려오는 동안 택배 기사와 자연스레 대화가 이어졌다. 그 아주머니는 지난번에도 떡이랑 음료를 챙겨 주셨다고 한다. 내가 괜히 고마웠다. 땡볕이 내리쬐는 아파트 마당을 잠시 걷긴 했지만 더운 줄 모르고 분리수거를 했다. 택배 기사의 땀방울이 사라지지 않고 눈앞에 어른거렸기 때문이다.

그로부터 며칠 후 나는 작은 보냉 백에 두유 하나, 아이스 팩 하나를 넣은 후 작은 메모지를 꺼내어 '택배 기사님! 폭염에 수고가 많으세요. 시원하게 드세요.'라고 적었다. 그리고는 택배 도착 시간에 맞춰 문 앞에 가만히 갖다 놓았다. 원래도 택배를 기다리는 마음은 기쁨이었는데 그날은 더 설레었다. 진정한 '소확행'이란 이런 것이 아닐까.

받는 기쁨보다 주는 즐거움이 더 크다는 것을 몸소 실천하고 계시는 11층 아주머니에, 비대면으로 문 앞까지 배송하느라 구슬땀을 흘리는 택배 기사까지 함께 살고 있다. 물건 나르느라 땀 닦을 손도 부족할 것 같은 택배 기사를 생각하니 내 발이 얼른 나아서 시장에 갈 수 있게 되면 가만히 앉아서 편하게 받는 장보기는 그만 접어야겠다.

전국의 택배 기사님! 고맙습니다. 오늘도 수고가 많으십니다. 건강하게 파이팅!입니다.

딸이 더 좋아

이제야 철이 든 것일까. 올 추석엔 아버지 산소에 가보고 싶다는 생각이 들었다. 남편에게 넌지시 말을 꺼내 보았다. 추석 다음 날쯤 한번 다녀오자고 했다. 가는 길에 친정엄마도 모시고 가기로 하자고 전화를 드렸다. 평소 같으면 구미 시내만 한 바퀴 돌아도 멀미하시던 분이 선뜻 좋다고 하신다. "영감 보러 가자니까 좋은가 봐요" 했더니 대답 대신 한숨을 내쉰다.

이런저런 사정으로 몇 년 동안 아버지를 만나지 못했던 엄마, 표현은 안 했어도 왜 아니 보고 싶었을까. 엄마와 아내를 태우고 장인 산소를 찾아가는 남편의 모습이 보기 좋았다.

귀신도 무섭지 않은 나이들이 되었지만 아버지 산소 앞에 술한 잔 따르니 손이 떨리는 게 아니라 가슴이 떨린다. '아버지, 자주 찾아뵙지 못해 죄송합니다'라는 말이 절로 나온다. 사는 게 바빠 이제야 아버지 앞에 엎드린다는 변명에 뒤이어 넋두리가 따라 나온다. '외아들에 딸 셋 중 막내인 제가 태어났을 때 아들이길 바라셨던 아버지는 미역 한 톳 엄마 앞에 집어 던져 놓고는 동사무소에서 외박을 하셨다지요. 그때 나와 비슷한 대접을 받았던 내 친구 영옥이는 저보다 더 잘살고 있답니다.'

나는 그 후 지금까지 아버지 때문에 더 열심히 살았는지도 모른다. 아마도 요즘 같았으면 배 속에 있을 때부터 구박 덩어리였을 것이다. 성장하면서는 딸이 태어난 데 대한 아버지의 실망, 허탈감, 그런 것들을 아들보다 훌륭한 딸로 승화시켜야겠다는 바람 하나를 품고 살았다.

21세기에 살고 있는 현실 속에서도 아들에 대한 선호, 기대감 같은 것은 어쩔 수 없는 듯싶다. 가까운 주위에서 봐도 아들 하나 가진 집은 여럿 있어도 딸 하나인 집은 드물다. 둘을 낳아도 아들이 둘이어야 더 안심을 하고 든든하게 여기는 추세다. 하지만 시대가 변한 건 사실이다. 최근에는 딸 가진 부모들의 모임이 생길 만큼 달라졌다. 반가운 일이다. 여성 국무총리가 탄생하고 멀지 않은 장래에 대통령까지 여성으로 운명이 바뀌게 될지 알 수 없는 일이다. 모르긴 해도 우리 아버지가 지금까지 살아 계신다면 하나 남은 딸자식을 자주 보고 싶어하지 않았을까.

딸이 많아 좋은 집이 가까이에 있다. 시동생네 딸 셋 중 맏딸이 이번 추석을 지내고 한 말이 있다. 추석 때마다 큰아빠로부터 용돈을 받다 보니 왜 큰엄마는 용돈을 안 주느냐고 했단다. 큰엄마나 큰아빠나 똑같은 돈이라는 것을 인식시켜 주기에는 아직 초등학생이라 이른 감이 있었던 모양이다. 아버지 산소 앞에 엎드려 절하기는 쉬워도 어른 노릇 하기는 쉽지 않다는 것을 느끼는 순간이다. 다음 명절 때는 시동생네 세 공주의 용돈만은 꼭 큰엄마가 챙겨야겠다. 맑은 아침 까치 울음소리도 내 말이 맞다는 듯 합창을 한다.

일기장을 보니

한가한 주말을 맞아 책장 정리를 했다. 가계부도 몇 권 있고 문학에 관련된 책들도 제법 된다. 잘 읽지는 않지만 정리는 자주 하는 편이다. 일기장 한 권이 손에 잡힌다. 새해만 되면 일기를 써야지 했다가 작심 열흘이 되곤 했던 날이 떠오른다. 어질러진 책은 그대로 둔 채 나도 모르게 일기장 속으로 빠져들고 있다.

1997년 5월 어느 날. 딸아이가 초경으로 고민하던 내용이 보인다. 평소 얘기는 해 준 일이지만 막상 겪고 보니 당황한 모습이 역력했다. 생리대를 준비하고 속옷을 갈아입혔는데 딸아이가 묻는다.

"엄마. 방귀는 뀌어도 괜찮아?"

여기까지 읽고 혼자 소리내어 웃는다. 이어지는 내용은 이랬다.

"우리 딸도 다 컸구나. 축하한다."

좋은 것도 없는데 뭘 축하한다는 건지 모르겠다고 했다. '여자는 생리가 있어야 커서 결혼하면 예쁜 아기도 낳을 수 있는 거야'라고 적혀 있었다. 그랬던 열두 살 소녀가 어느덧 자라 결혼을 했다. 예쁜 아기인지 아닌지는 아직 모르지만 아기를 낳을 준비를 하고 있다.

자주 말하면 그렇게 이루어진다는 말이 있다. 딸은 좀 떨어져 살아야 여행 삼아 딸네 집도 한 번씩 가고 좋을 것 같다는 말을 우스갯소리처럼 했었는데, 지금 딸애는 멀어도 너무 먼 강원도에 살고 있다. 막상 너무 멀리 떨어지고 보니 애잔한 마음이 새록새록 인다. 졸업하자마자 시집을 갔으니 잘하고 있는지 걱정이 한두 가지가 아니다. 며칠 전엔 문자 메시지가 날아왔는데 간고등어 산 지 일주일 되었는데 구워 먹어도 되느냐고 물어왔다. 바로 답장을 날렸다. 나름 주부 경력 26년 차 대선배로서 설명해 주었는데 어떻게 해결했는지는 아직 모른다.

내 나이 스물여섯에 딸아이가 태어났고 지금 딸애가 꼭 그 나이인데 몇 달 후면 제 아이가 태어난다. 지나온 내 삶은 그리 순탄한 편이 아니어서 그런지 두 아이도 잘해 주지 못해 아쉬움이 남는데 우리 딸은 셋이나 낳는다고 큰소리친다. 거기다가 한술 더 뜨는 소리, 취업을 하게 되면 둘째, 셋째는 시댁에서, 친정에서 키워 달라는 것이다. 만약 그 말이 현실이 된다면 몇 년 후쯤 나는 아마도 외손자를 키워 줄 것이다.

요즘은 고개 들어 하늘을 자주 쳐다본다. 그러면서 고개를 마음대로 들 수 있다는 데 감사함을 느낀다. 고개를 들지 못하는 그런 병으로 고생하는 사람도 방송에서 봤기 때문이다. 거실에 앉아 눈높이서 앞을 보면 삭막한 아파트 건물뿐이고 아래로 보면 후끈 달아오른 아스팔트 길의 자동차 행렬뿐이다. 고개를 들어야 건물 위로 하늘이 보이기 때문이다. 시시각각 누구의 허락도 없이 자유롭게 변하는 하늘을 보며 지난날 생리 팬티에 방귀를 뀌면 안 될 것 같아 걱정했던 딸아이를 생각하며 피식 웃는다. 폐경이 되어버린 몸이지만 아직은 이만하면 쓸만하고 무엇보다 긍정적 사고를 유지하려고 노력하며 스스로 위안을 삼는다.

오래된 일기장을 덮었다. 칠월부터 다시 일기 쓰기를 시작해 볼 참이다. 설사 작심삼일이 되더라도 훗날 뒤적거려 보면 또 뭔가 새로운 뉴스 거리가 나올 수도 있을 테니 말이다.

고개를 들지 않아도 아주 잘 보이는 현관에 사위가 사 준 화분을 옮겨 놓고 드나들며 하루에도 몇 번씩 눈을 맞추다 보니 시들해지던 잎이 생기를 찾는다. 멀리서 자주 못 보더라도 알콩달콩 잘 살기를 바라본다. 딸 대신 화분의 잎들이 살짝 흔들리며 '그러겠노라' 화답한다.

소망

하루의 설계는 아침에 하고 한 해의 설계는 정월에 한다고 했다. 대망의 1992년 한 해의 설계가 짜여지는 달이다. 새알 수제비를 서른 개나 넘게 먹어야 하는 나이가 되고 보니 이제는 뭔가 뚜렷한 목표를 세워야 하지 않겠나 싶은 생각이 든다. 해가 바뀌었다고 해서 갑자기 무엇이 달라지는 것은 아니다. 해가 더 늦게 뜨는 것도 아니고, 하나의 매듭, 약속의 장이 달라질 뿐이다. 오늘 하루 마무리의 약속으로 밤이 지나면 아침이 오듯이.

한 해를 맞아 1월이 되면 모두가 대망의 설계와 포부와 기대를 갖는다. 나 역시 예외는 아니다. 그것이 삶의 의욕이요, 보람이니까. 이렇게 한 해의 계획을 세워 또 그 이정표를 따라 바르게 과속, 과식하지 않고 가야 한다. 늘 다짐을 하건만 한 해를 마무리 하다 보면 과연 계획의 몇 퍼센트가 이루어졌을지 의심스럽다.

계획을 실천하는 데는 노력이 따라야 한다. 노력을 해도 안 된다면 거기에는 무슨 사정이 있다. 크게는 국제 정세의 변화나 국내 업계의 사정이 있을 터이고, 작게는 주위 환경이나 직장의 분위기도 영향을 미치게 된다. 모두 조화가 이루어져야 한다. 국가나 사회도 개인도 마찬가지이다.

정초부터 한쪽 귀가 좋지 않아 이비인후과에 다녀야 했다. 불행 중 다행이랄까, 얼마간의 치료를 하면 완치가 될 수 있다는 담당 의사의 희망적인 답변을 듣고 꼬박꼬박 약을 먹고 있는 중이다. 건강관리를 소홀히 했던 자신의 허점을 돌아보며 올해는 무엇보다 가족들의 건강에도 관심을 가져야겠다고 다짐했다.

세월은 하루 이틀이나 일년 이년으로 끝나는 것이 아니라 호흡이 계속되는 한 끊임없이 이어진다. 만물의 영장이라고 자부하는 인간이라면 뭔가 실천하는 모습이어야 하지 않을까. 마음이 맑은 사람은 매사에 여유를 갖는다. 또한 눈빛이 맑고 밝다. 단, 예의에 신경을 쓰지 않아도 행동 그대로가 예의이다.

밥은 짐승도 먹고 일은 소도 한다. 우리 인간이 다른 점은 질서를 가지고 있다는 것이다. 연인끼리도, 동료지간에도, 부부 사이에도, 부모 자식 간에도, 상사와 부하 사이도 질서란 필요한 도리이다. 물론 질서란 단순히 줄을 서는 것을 말하는 게 아니라 예의범절을 뜻하는 것이다. 그중에서도 가장 두드러지는 부분이 언행이다. 한 사람의 모든 것을 언행에서 파악할 수 없다. 언행은 심성에서 나온다. 인간의 마음은 볼 수도 들을 수도 없고, 잡거나 내보일 수도 없다.

해가 바뀌고 한 살씩 나이를 더했다. 직장도, 학년도 한 계단씩 올라서게 되었다. 올해 일곱 살이 되는 딸아이의 새해 포부가 우리 가족 중에 가장 크다고 할 수 있다. 작년 한 해 학원에서 문자를 익혔고, 금년엔 유치원으로 보내야겠다는 말을 꺼내기가 무섭게 유치원 입학 날만 손꼽아 기다리고 있다.

여러 면에서 지난해보다 올해는 응대의 범위, 사고, 대인 관계의 범위 또한 넓어졌을 것이다. 지시만 받다가 지시를 해야 할 일도 생길 것이고, 나가서 일을 하다가 안에서만 할 수도 있다. 이럴 때일수록 몸가짐, 말조심에 더 신경을 써야 할 것이다. 중견이 되었다 해서 상사도 아랫사람을 무시하는 그런 자세를 취한다면 어찌될 것인가. 나이는 귀천에 관계없이 가만히 있어도 먹게 된다. 중요한 것은 나이를 먹으면서 어떻게 보람 있게 살아가는가 하는 것이다.

지구촌에는 수십억의 인구가 살고 있다. 그들은 풍습도 다르고 모습도 다르다. 그러나 삶의 형태는 하나이다. 남녀가 만나서 결혼도 하고, 아이를 낳고, 부모가 된다는 것이 공통점이다. 이들의 삶의 목표는 어떻게 사람답게 사느냐 하는 것이다. 그런데 요즈음은 '동방예의지국'이 뿌리째 흔들리는 느낌을 받게 되어 사람들의 눈살을 찌푸리게 하는 모습들이 비일비재하다.

옛날에는 '가정교육'이라는 단어조차 없었을 것이다. 어버이의 모습, 그중에서도 아버지의 기침 소리가 가정교육이었다. '엄부자모'란 소중한 뜻이 여기서 생겨났을 것이다. 가정에서는 부모 형제의 분위기에서 배우며 자라는 것이고, 사회 교육은 여러 층의 분위기 속에서 가르침을 듣고 보며 성장해 가는 것이다. 그런데 요즘은 상하의 구별도, 노소의 구분도 없어져 간다. 문제가 아닐 수 없다. 그래서 올해는 우리 모두의 설계 속에 꼭 예의를

별도의 항목으로 넣자고 권하고 싶다.

그렇다면 무엇부터 할까. 인사를 잘하자. 인사는 기본이고 먼저 본 사람이 먼저 하면 된다. 거리에서 복도에서 미소 짓는 인사, 사람 앞을 지날 때 가볍게 하는 인사, 자리를 양보받았을 때 고마움의 인사, 헤어질 때 다음의 약속을 대신하는 정다운 인사, 물건을 받고서 고마움과 확신을 하는 인사, 주위는 온통 인사의 연속으로 엮어져 있고, 이것들은 생활의 윤활유가 되어 줄 것이다.

우리가 살아 움직이고 있는 모든 시간이 멋있게만 만들어진다면 얼마나 좋을까. 멋은 물질적인 것이 아니라 정신적인 것이라야 영원한 샘이 되어 마르지 않는다. '마음의 멋' 그것이 진정한 멋이 아니고 그 무엇이랴. 올해는 젊은이들 모두의 가슴속에 온누리를 밝힐 수 있는 예의의 등불을 하나씩 밝혔으면 좋겠다. 삶의 향기가 되어 주는 등불로.

새해를 시작하는 이 아침, 소망하는 모든 것이 이루어지는 바람을 가져 본다.

네 능력을 보여 줘

3월은 겨울과 봄이 자리바꿈을 하는 달이다. 나의 직업도 이 달에 평소 꿈에도 없었던 업종으로 자리바꿈을 하였다. 오늘로 꼭 일주일째 맞는 '교리식육식당'이 바로 그것이다. 먼저, 점포 계약을 하고, 허가증을 받아 쥐기까지 남모르는 애로점도 많았다. 흔히들 부부가 함께 시작을 하는데, 난 경험도 없이 혼자서 해 보겠다고 나섰기 때문에 그 여파가 더 컸다. 허가 서류를 들고 읍사무소와 군청을 들락날락해야 했고, 아홉 평짜리 크지 않은 빈 공간을 식육식당으로 만드는 작업이 결코 돈만으로는 이루어지지 않는다는 사실을 절감한 기회였다.

무엇보다 초조했던 점은 개업 일자를 정해 놓고 메뉴판에는 버젓이 적혀 있는 '주물럭'을 제대로 할 수 없었던 것이다. 손님이 찾을 때 뭐라고 대답을 해야 할지 적당한 거짓말을 생각하기에 이르렀다. 남편 역시 회사에서 일이 손에 잡히지 않는다 했고, 퇴근해서도 단잠을 이루지 못하는 모습을 보며, 괜한 일을 저질렀구나 싶어 자신을 질책하기도 했다. 이 집안에 시집와서 큰손 '장영자'가 아니라 '큰손 장혜순'이란 딱지가 붙을 것만 같았다.

아파트 마련할 때도 감히 억지를 부리지 않았던가! 이번 일만 해도 그렇다. 제시간에 맞추어 출근하고, 정해진 시간에 퇴근할 수 있는 직장을 하루아침에 청산하고 아무나 해내지 못한다는 식당 일을 혼자서 해 보겠다고 결정했으니 말이다. 그 결과 요즘은 아침에 회사 출근 시 '무슨 옷을 입을까'에서 '오늘은 무슨 반찬을 만들어 손님께 대접하나'로 바뀌었다. 또한 그동안 유일한 벗과도 같았던 핸드백 대신 앞치마를 챙기게 되었다. 아이들은 엄마가 회사에 가지 않는 것만으로 만족을 느낀다. 특히 막내는 마냥 좋아한다.

난 이 일을 꾸려 가면서 직업에 귀천이 없다는 진리를 믿기로 했다. 명예욕의 노예가 되는 학자보다는 성실한 구멍가게 주인이 더 존경의 대상이 되어야 한다는 게 나름의 견해다. 시장 경제, 즉 장사의 효율성과 중요성을 무시했던 소련의 와해를 보면서 우리가 숭상했던 선비 정신의 참뜻을 되새겨 보고, 장인 정신, 순박한 농민 정신, 그리고 성실한 기업 정신이 바탕이 되어 모든 직업이 귀하게 되는 날을 기대해 본다.

장사라는 게 그런 것 같다. 이익을 남기면서도 항상 '손해 보는 장사를 한다'는 엄살을 부리는 데서 상인의 불성실성과 부정직성을 엿볼 수 있는 것 같다.

오늘은 일요일이지만 평일보다 더 일찍 가게로 출근을 했다. 아파트 새댁들이 아침 국거리를 사러 온다는 소식을 들었다. 이왕지사 손끝에 물 마를 새 없는 일을 시작한 이상 손님을 왕으로 생각하고, 헛걸음을 하게 해서는 안 되겠다고 여겼다. 셔터 문을 잠그고, 내 작은 몸 하나 편히 누일 수 있는 보금자리로 향할 때는 피로가 쌓여 파김치가 되더라도 말이다.

맨발의 기적

맨발 걷기 열풍이 불고 있다. 맨발 걷기는 준비물도 간단하다. 등산을 갈 때는 이것저것 챙겨야 할 것도 많은데 맨발 걷기는 슬리퍼에 맨발이면 끝이다. 집에서 가깝다 보니 굳이 운동화에 양말을 갖추지 않아도 된다. 그래서 더 자주 밖으로 나가게 되는 것 같다.

주변에 맨발로 걷기 좋은 곳이 있다는 소리를 들었다. 내가 살고 있는 아파트 바로 뒤에도 흙길이 있어 맨발 걷기를 하려고 나섰다. 주변에 아름다운 길로 알려져 있는 길이다. 10년이 훌쩍 넘도록 살면서 자주 걸었던 곳이지만 정작 맨발로 걸어 보기는 처음이다.

두어 달쯤 되었을까. 여느 날처럼 집에서 딱 3분 안에 도착하는 이 길로 접어들었다. 초면의 깡마른 아주머니 한 분이 흙길에 맨발로 제자리걸음을 걷고 있었다. 처음 몇 번은 그냥 지나쳤다. 갈 길도 바빴고 괜히 오지랖 넓다는 생각도 들어서다. 일주일쯤 지났을 때 호기심이 발동했다. 먼저 안면 근육을 부드럽게 하고 말을 걸었다.

"맨발 걷기를 제자리에서 하시네요? 여기는 길이 좋아 저만큼 흙길 따라 걸으시면 좋을 텐데요."

"네. 여기 나뭇등걸을 밟으니 좋아서요."

"어느 동네 계시는지요?"

"네, 시내 살고 있는데 여기 이 길이 좋다고 들어서요."

"네. 정말 좋지요. 삼복더위에도 이 길에만 들어서면 온통 그늘이라 토시 없이도 산책하기 좋습니다."

주거니 받거니 하다가 들은 얘기로는 그분은 대장암을 앓았는데 최근에는 잦은 설사로 고생하던 중 맨발 걷기를 하게 되었다고 한다. 집 근처에서 걷기도 하다가 친구의 권유로 여기로 왔다고 했다. 오랜 설사도 멎고 혈액 순환도 잘되는 것 같다고 한다. 그제서야 의문이 풀렸다. 왜 그리 몸이 말랐는지도 사연을 듣고 보니 알게 되고 왠지 응원해 주고 싶은 마음이 들었다. 파이팅을 외쳐 주고 가던 길을 재촉했다.

내가 이 길을 특히 좋아하는 데는 이유가 있다. 우선 시내 가는 길 중 지름길이기도 하지만 여름에도 짙은 그늘 길이다. 뿐만 아니라 봄에는 개나리 진달래에 이어 5월 장미가 꽃길을 만들어 주고 여름은 푸른 녹음이 우거져 귀한 그늘을 내어 주니 이보다 좋을 순 없다. 이 길로 들어서서 왼쪽으로 걸으면 시내, 금오천 길이 지름길이고 반대 방향으로 가면 번개시장, 동아백화점, 시청 등을 20여 분 내에 도착할 수 있다. 최근엔 구미시에서 몇 개의 벤치도 마련해 놓았다.

맨발 걷기를 하는 사람들이 하나 둘 늘어가는 것을 보면서 왜 사람들이 맨발로 걷기를 하는지 의문이 생겼다. 같은 시간에 맨발 걷기를 하던 분께 물었다. 방송에서 '생로병사의 비밀' 시간에 맨발 걷기의 모든 것을 알려 주었다고 한다. 그럼 그렇지. 몸에 좋다는 건 다 따라 해 보는 게 한국인이지. 암. 그렇고 말고.

내가 혈액순환에도 좋고 숙면에도 도움이 된다는 맨발 대열에 합류한 것은 당연한 순서이다. 엄지발톱 무좀으로 오래 고생을

하고 있는 터라 맨발 걷기가 도움이 될 것 같았다. 말초신경이 모여 있는 발바닥을 자극하면 신경통 치료에 좋고 면역력에도 효과가 있다고 한다. 그러나 맨발 걷기가 부담 없는 운동이기는 하지만 임산부나 당뇨가 있는 사람은 피하는 것이 좋다고 한다. 발바닥 뒤꿈치가 태아의 머리 부분에 해당하는 부위이기 때문에 자극이 계속되면 위험할 수 있기 때문이란다.

내가 삼복더위에도 맨발 걷기를 할 수 있었던 그늘 길이나 건강도 있겠지만 다른 중요한 것은 이웃과의 만남에 비중을 두고 있다. 내일 아침에도 맨발로 나가면 이웃을 만날 수 있다는 생각이 나를 웃게 한다. 옆에서 함께 걷기만 해도 힘이 되는 사람들이 바로 이웃사촌이다. 처음 보는 분도 맨발 하나로 자연스레 대화를 나눈다. 날마다 세월의 때를 벗고 어린아이의 뽀송뽀송한 맨발 같은 초심으로 돌아가고 싶다. 발바닥이 웃기 시작한다.

바위 앞에서

남편이 추석에 땔 나무를 하러 가야 된다며 경운기에 시동을 걸었다. 나도 조금이나마 도움이 될세라 같이 경운기에 올랐다. 제법 깊은 산속에 이르자 경운기의 둔탁한 금속성 소음이 멈추어 조용해졌다. 순간 어디선가 개울물 흐르는 소리가 들려 눈을 돌렸다. 그곳엔 오염이란 단어와는 거리가 먼 맑고 깨끗한 물이 흐르고 있었다. 개울물과 어우러진 크고 작은 바위들도 운치가 있어 보였다. 마치 아름다운 여성의 화장한 얼굴과도 같이 매끄럽고 윤기가 흘렀다. 남편은 나무하느라 바빴지만, 난 나무는 뒷전이고 예쁜 돌멩이 줍기에 더 바빴다.

나무가 경운기에 실려지고, 준비한 새참도 바위에 걸터앉아 맛있게 먹었다. 무슨 일이든지 하고자 하는 바를 열심히 한 뒤 음식을 먹으면 꿀맛이다. 세찬 바람에도 흔들림이 없이 굳건한 바위를 바라보니 어머니가 생각났다. 그 숱한 세월 동안 모진 풍파 한 몸에 받고 살아오면서도 어떤 유혹에 흔들림도 없이 한결같으신 마음, 비록 당신의 그 고운 자태는 다시 볼 수 없으리. 하지만 주름살투성이의 얼굴과 마디 굵은 손으로 변해 버린 모습이 조금도 보기 싫지 않고 고귀하게 느껴짐은 나도 철이 들었기 때문일까! 어머니의 바위 같은 그 마음과 포근한 사랑이 없었다면 오늘의 내가 존재할 수 있었겠는가.

어릴 때는 잘 몰랐으나 내가 나이 들어 아이 낳고 엄마가 되면서 새삼스럽게 느끼게 되었다. 바위 같은 힘과 강인함으로 뭉쳐 있는 엄마의 힘이 지난날의 그 숱한 어려움과 서러움을 이겨 냈다는 사실을 깨닫는다.

가을바람이 저 푸른 하늘의 뭉게구름을 휘감고, 돌아보는 이의 마음을 흔들리게 하고 있다. 피부로 느낄 수 있는 시원함과 자연이 무료로 제공해 주는 이 맑은 공기는 마음껏 들이마실수록 좋다. 아이들에게 가슴속 깊이 뜻하는 바를 휘눌리지 말고 끝까지 제자리를 지킬 줄 아는 수호신 같은 바위 같은 존재가 되라는 말을 들려주고 싶다. 단순한 사물로만 존재하는 바위가 아니라 인간의 정신 속에 살아 있는 바위로 말이다.

바위의 튼튼한 모습이 좋다. 그 틈에 숨어 술래잡기를 했던 날이며, 그 든든함에 기대어 카메라 앞에 섰던 추억 속의 그날이 당당한 추억으로 살아 있다.

마음 하나 못 비우고

어제는 시청 홈페이지에 들어가 보니 공원관리직 추가 모집 공고가 떴다. 어떤 일을 하는가 싶어 살펴보니 시내 곳곳에 있는 공원을 청소하면서 관리하는 일이란다. 운동도 되고 좋은 공기도 마시면서 할 만하다고 했다. 다음날 뭐에 홀린 듯이 서류 몇 가지 준비해 놓고 제출하러 가려던 찰나 컴퓨터 학원에서 온 문자를 보게 되었다. 다음달 접수 여부 안내 문자였다.

이제 겨우 보름 남짓 된다. 재미있게 배우고 있고 어쩌다 잘한다는 칭찬도 듣곤 했는데, 하마터면 사랑땜도 하기 전에 접을 뻔했다. 잠시 망설이다가 인터넷으로 신청을 했다. 지금 그만두면 이도 저도 아닌 게 된다는 생각이다.

공원관리직은 하루 종일 8시간 꼬박 근무해야 하는데 그러면 취미 생활을 다 접어야 되고 여기저기 여가 여행도 제동이 걸리게 된다. 4월에도, 5월에도 1박 2일로 스케줄이 잡혀 있기 때문이다. 잠시 복잡했던 머리를 식히며 헬스장을 향해 걸었다. 내가 미쳤지, 수술한 지 얼마나 됐다고 그새 일을 못 해 안달을 하다니. 더구나 고용보험도 아직 두 달이나 남지 않았는가. 아파 보니 돈이 전부가 아니라는 걸 알았으면서 스스로가 참 미련하다는 생각이 든다.

작년 늦가을 건강검진을 하다가 내 몸에 이상이 온 걸 알게 되었다. 유방 초음파 검사를 했는데 작은 혹이 보인다며 조직검사를 해 보자고 했다. 그렇게 우연히 발견된 유방암 초기 진단은 강하게 살아온 나를 잠시 눈물짓게 했다. 병원에서 온 전화를 받고 처음엔 그저 담담했다가 딸하고 통화를 하는데 나도 모르게 심장박동이 빨라지고 목소리가 울렁거린다. 여차저차 운 좋게 판정 받은 지 보름 만에 서울 모 병원에서 수술을 받게 되었다.

입원하는 날 멀리서 딸이 왔다. 그날따라 날씨까지 좋지 않아서인지 더욱 우울했다. 7살 막내 손녀를 사위에게 맡기게 되면서 엄마바라기 손녀가 제 엄마에게 하는 말이다.

"엄마 안 가면 안 돼?"

"음, 외할머니가 아프시대."

"왜?"

"몸속에 나쁜 바이러스가 있어서 떼내야 된대."

"엄마 꼭 가야 돼?"

"나중에 엄마가 아프면 수아가 안 올 거야?"

"아니."

이렇게 딸은 손녀와 1박 2일 떨어지게 되었다. 수술 끝나고 안도의 눈물이 볼을 타고 줄줄 흘러내린다. 지켜보던 간호사도 눈시울이 붉어지고 애써 참던 딸도 창밖을 보며 어깨를 들썩인다. 이렇게 딱 두 번을 울고 지금까지 3개월이 지나도록 한 번도 울지 않았다. 앞으로도 울지 않을 것이다.

사람이 돈을 쫓아가면 끝없는 욕심만 커지고 그 욕심 또한 비우기가 쉽지 않다. 취업 서류를 손에 들고 잠시 갈등을 했던 나 스스로에게 매를 들었다. 수술 후 잠자리에 들면서, 아침에 눈을 뜨면서 살아 있음에 감사하지 않았던가. 항암 치료는 안 해도 되고 기본 방사선 치료만 받으면 된다 하니 정말 다행이다.

때론 내 마음인데 내 맘대로 못할 때도 있다. 또 내 마음이니까 내 맘대로 할 수도 있다. 이런 내 마음 하나 비우고 나니 이렇게 편할 수가 없다. 당장 모레부터 보름 동안 전시할 예정인 캘리그라피 작품부터 마무리해야겠다. 오래간만에 책상에 앉아 붓을 드니 한결 가벼워진 것은 붓만이 아니다. 마음 하나 못 비우고 먼 길을 돌아서 가다니! 마음보다 몸이 먼저 반기는 것 같다.

3
웃음 시계

내가 알고 있는 모든 이들에게
하루 스물네 시간이 웃음으로 채워졌으면 좋겠다.
웃으려고 노력하면 불가능한 일은 아니리라.
모두에게 웃음 시계 하나씩 선물하고 싶다.

새벽에 깨어 보니

세상은 공평하지 않지만 새벽은 한 번도 나를 차별하지 않았다. 새벽은 누구에게나 어디서나 공평하게 산뜻한 공기를 내어준다. 멍때리기 좋은 새벽에 눈을 뜨면 맑은 머리로 희망찬 하루의 설계를 하게 된다. 새벽은 오롯이 나만의 명상을 할 수 있고 누구에게도 방해받지 않는 선물 같은 시간이다. 새벽은 고요하고 맑다. 구미 시내 중심가에 살고 있지만 창문을 열면 새소리가 들리고 공기가 차분하다. 새벽 시간에만 누릴 수 있는 특권이기도 하다. 창밖의 풍경은 아파트 건물로 삭막하기도 하지만 새벽은 다르다. 하루 종일 쉼없이 달리는 차량도 이 시간엔 뜸하다. 운전을 하면서 차량에도 관심이 생겼다. 그래서 아파트 주차장에도 눈이 간다. 새벽이 아침으로 바뀌면 출근을 해야 되는데 어디에 차를 주차했는지 금방 생각이 나지 않을 때도 있다. 그만큼 새벽과 아침은 이웃사촌이면서 고요함과 시끄러움의 차이는 크다.

새벽엔 자제할 것도 있다. 세탁기, 청소기, 믹서기 소음 등이 그렇다. 나는 이른 아침에는 세탁기를 자제하는 편이다. 옆집 젊은 부부가 낮에 출근하고 늦은 밤에 퇴근을 하기 때문이다. 작은 배려 하나지만 누가 알아주지 않아도 내 기분이 좋으면 그만이다.

새벽에 일어나 책도 보고 글도 쓰고 어떤 날은 그림까지 그린다. 이 나이 먹도록 돋보기 한 번 쓰지 않고 책을 볼 수 있는 밝은 눈을 주신 부모님께 감사한 마음이다. 새벽에 들리는 집 주변의 소리들도 재미있다. 소음이라고 생각하지 않기로 했다. 뒷길에 기차 소리 여전하고 앞뒤 구분 안 되는 공사장 기계음 소리가 최근까지 새벽을 두드렸다. 멈추고 나서야 알게 되었다. 분명 앞쪽에서 들리는 것 같았는데 집 뒤쪽 신축 아파트 공사장에서 들리는 소리였다.

유일하게 뒷 베란다에서 바라다보이는 산꼭대기 정자의 호젓한 자태도 42층 초고층 아파트 건물 뒤로 숨었다. 아무도 듣지 않지만 안타까운 내면의 소리가 입 밖으로 나오는 순간이다.

새벽에 깨어 책을 보고 있자니 엄마 생각이 난다. 우리 엄마 살아생전 어느 날이다.

"엄마! 내가 엄마 나이가 되어도 책을 볼 수가 있을까?"

"그럼 보고 말고. 머리 밝고 눈 밝은데 뭔 걱정을 하누."

그 한마디에 나는 안심을 했다. 그 소중한 눈을 오래도록 유지하기 위해 눈에 좋다는 건 챙겨 먹어야겠다.

새벽의 매력에 빠져 보는 요즘이다. 일찍 깨면 잠이 모자라 신경 쓰였던 현직에서의 고단함이 사라진 지금이 너무 편하고 좋다. 아침 일찍 출근하다가 지금도 출근은 하지만 8시가 훌쩍 지나 출발이다. 그래서 새벽에 눈을 뜨고도 심신이 편안하다. 쓰다 보니 새벽 예찬론이 길어진 것 같다.

딱 한 가지 새벽에 대한 기억 중 좋지 않은 것도 있다. 한때는 유선 전화기가 가가호호 떡하니 자리잡고 있던 시절. 새벽에 울리는 전화벨 소리는 가슴을 철렁하게 하기도 한다. 연로하신 부모님이 계시는 댁은 영락없이 이 작은 걱정거리에서부터 크게는 사건 사고 소식이다. 시골에 계시는 어르신들은 늘 새벽에 깨어 있다. 자식들의 안부도 굳이 새벽에 묻고 관절이 아파 병원에 같이 가자는 얘기도 새벽에 들려온다.

부모님도 안 계시고 집 전화기도 없는 지금은 그런 추억까지도 그립기만 하다. 문득 이런 생각이 든다. 얼마나 오래 금 같은 새벽 시간을 보냈기에 수많은 위인들이 탄생했을까 싶어 존경심이 든다. 새벽을 친구 삼다 보니 별생각이 다 든다. 전에는 매일같이 새벽 기도로 4시에 기상한다는 지인의 일상이 이해가 가지 않았다. 일요일도 교회에 가는데 굳이 그 시간에 일어나야 하는가 싶기도 했다. 그런데 요즘은 생각이 달라졌다. 그분도 나름의 확고한 믿음이 있고 그 믿음을 최선으로 섬기며 살아가고 있지 않은가.

어느덧 유난히 무더웠던 여름을 지나 가을을 맞을 채비가 끝났다. 새벽 공기가 조금씩 달라질 것이다. 그동안 몸으로 새벽 알람을 대신했다면 이제는 정말 휴대폰 알람을 맞춰야 할 때가 오지 않았나 싶다. 새벽어둠이 짙어지면 기상 시간도 차츰 늦어질 것이다. 서늘한 새벽 공기가 이불만이 아닌 머리맡의 책도 끌어당기는 매일이 되었으면 참 좋겠다.

배추가 공짜였어요

하얗게 내리는 무서리와 동지섣달 찬바람을 맞은 배추밭을 보니 안타까움과 허허로움이 앞선다. 불과 서너 달 전만 해도 초록빛 골이 물결치듯 했는데 엄청난 가격 폭락으로 제때 수확하지 못해 밭에서 겨울을 나야 할 형편이다. 이렇듯 황폐하게 방치되다 보니 결국에는 군청에서 매입해 주민들에게 무료로 뽑아 가라고 했다. 소문을 들은 인근 주민들이 트럭부터 시장바구니까지 총동원하여 여기저기 무료 배추 뽑기에 여념이 없다.

배추밭에 펼쳐지는 풍경들이 눈에 들어온다. 아이들과 함께 작업을 하는 모습이 눈에 띈다. 왜 배추가 이 지경이 되었는지 아이들에게 설명해 주는 것 같다. 편리하고 품질 좋은 것만 찾는 젊은 세대들은 거의 눈에 띄지 않는다. 중년으로 보이는 부인들 몇은 알뜰살뜰 겉껍질을 벗겨내고 노오란 속배추를 차곡차곡 담는다. 배추의 겉이파리들이 인간의 의복보다 더 보온이 잘된단 말인가. 사람이라면 한겨울 찬 서리를 이불 삼아 덮으면 몇 시간도 버텨 내지 못할 것이다. 만물의 영장이라는 인간도 그런 면에서는 배추보다 못한 존재에 불과한 것 같다.

저만치 앞에 기력이 없어 뵈는 할머니 한 분이 배추를 가득 실은 리어카를 끌고 간다. 밀어주는 이 하나 없는데 끙끙대며 어디론가 가고 있다. 목적지에 도착한 후에도 아들, 손자의 입에 들어가기까지 이 할머니의 할 일은 아직도 많다. 당신 수고로움은 아랑곳하지 않고 그저 맛있게 먹어주는 것만으로도 기뻐할 어른들이다. 혹여 쓸모없는 것 가져왔다고 문전박대를 당하지는 않을까 걱정도 된다.

공짜 배추를 한 포대나 뽑아 놓고 보니 보기만 해도 푸짐했다. 속배추를 보니 갑자기 된장 생각이 난다. 맛난 된장에 꾹꾹 찍어 먹는 투박한 맛이라면 다른 반찬은 없어도 좋다. 그저 두 손 깨끗이 씻고 밥상 앞에 앉으면 된다는 생각만 해도 군침이 돈다.

배추 농사를 직접 짓는 것은 어떨까? 말로만 신토불이 운운하지 말고 내 손으로 직접 가꾼 것을 다듬어서 식탁에 올려놓으면 참으로 행복할 것이다. 각자가 살고 있는 아파트 베란다나 주택가 화단에도 화려한 꽃나무 대신 푸른 채소를 가꾼다면 눈으로 보는 기쁨과 먹는 즐거움을 동시에 느끼는 일석이조의 삶이 될 것이다.

오늘 저녁엔 딸애와 함께 배추전을 부쳐 먹을 생각을 하니 걸음이 빨라진다.

먹거리의 흐름

사람이 이 세상을 살아가는 데 무엇이 가장 절실하게 필요한가? 물론 의, 식, 주, 삼위일체의 조화가 균형 있게 이루어진다면 더할 나위 없겠지만 그중에서도 먹는 일이 우선이 아닐까 싶다. 단순히 생각해 봐도 밥을 구걸하러 다니는 걸인은 있었어도 옷을 달라며 대문을 들어서는 걸인은 보지 못했으니까.

오늘은 학원에 다니는 막내가 도시락을 지참하는 날이다. 일주일에 하루뿐이지만 나는 맛난 반찬을 만들려 애쓰지 않는다. 오히려 평소 아이가 잘 안 먹는 것만 골라서 넣어 준다. 특히 김치반금은 빠짐없이 챙겨 주곤 한다. 처음엔 맵다고 남겨 오더니 요즘은 씻은 듯이 깨끗하게 비운다. 돈가스 햄만 가져오는 친구들을 부러워하지 않게 됨을 난 다행스럽게 생각한다. 도시락 반찬 대신 간식으로 돈가스를 만들어 주기로 했다. 소량의 고기에다 평소 멀리하는 야채를 많이 넣어 주면 더 좋겠지.

사랑스런 자녀들의 도시락 찬이라 하여 특별식만 고집하는 어머니들의 자식 사랑이 잘못된 건 아니지만, 어릴 때부터 올바른 식습관을 길러 줄 수 있는 묘안을 강구해 보는 것도 바람직한 일이다.

우리의 삶에서 눈에 띄게 변한 것이 먹거리다. 버섯을 따고 산나물을 캐어 팔아 근근이 질긴 목숨을 연명해 가던 때가 불과 얼마 전이다. 아침에 보리밥으로 때우고 나면 점심은 건너뛰고 또 다시 저녁거리를 걱정해야 하는 난감하고 막막하던 시절이 있었다. 그때야말로 먹고 사는 것만이 관건이었다. 감자 몇 개로 주린 배를 채우고 도토리를 주워다가 묵을 만들어 먹었던 그때는 비록 배가 부르지 않고 영양 섭취를 못했어도 낱알을 아까워하며 하늘에 감사하며 살았다. 밥그릇에 한 알의 밥알이라도 남기면 밥상머리에서 아버지의 불호령이 떨어지곤 하였다. 먹을 것이 인생의 전부였던 시절의 이야기다.

음식집마다 먹다 남긴 음식이 더 많고 부엌에서 누룽지라도 배불리 먹기를 바랐던 우리 여인네들도 언제부터인지 밥하기 싫으면 인스턴트식품으로 대용하거나 아니면 아예 외식하러 나선다. 생활이 향상되어 먹거리 걱정이 해결되었고 그것도 입에 맞는 것만 골라서 먹게 될 만큼 풍요로워진 건 좋은 현상이다. 그러나 주변에는 아직도 점심을 굶는 결식 아동들이 있고 굶주림에 허우적대는 노인들이 있다. 요즈음 좀 살 만하고 풍요로워졌다고 너무들 하는 것 같다. 우리가 조금만 과거와 미래를 생각하는 마음이 있다면 버려지는 음식과 우리 농산물이 푸대접을 받진 않으리라. 또 먹을 것이 없어 하루하루 끼니 걱정하던 시절엔 다이어트란 말조차 없었다. 요즘은 웬만한 주부들까지 에어로빅을 하러 다니는가 하면, 심지어 살 빼는 약까지 먹는 사례도 많다.

먹는 것이 별것 아니라 하나의 즐거움이라는 문화가 생겼다. 풍성한 먹거리를 불우 이웃들과 나눠 먹는 마음의 풍요로움은 사라지고 먹거리를 천시하는 풍조와 함께하고 있다. 그저 배부르고 등따스우면 더 바랄 게 없었던 시절이 지금은 한낱 그리움이 되었다.

시장 풍경

"아줌마. 풋고추 천 원어치 주세요."

오늘도 야채 가게 아줌마를 재촉하는 데는 이유가 있다. 짧은 점심시간 직장 동료들의 심부름을 자주 하다 생긴 버릇 아닌 버릇이다. 친정엄마를 닮아 큰 내 목소리가 단단히 한몫한다. 단골로 들르는 야채 가게는 주인이 자매지간이다. 쌍둥이도 아닌데 왜 그리 혼돈이 오는지 모르겠다. 점심 먹으러 가는 길에 선불을 주면서 필요한 물품을 준비해 두도록 부탁을 한다. 그리고 집에 가서 점심을 해결하고 나오는 길에 물건을 찾아 통근 버스에 오르면 된다.

건망증이 심한 내가 잊어버리지 않고 책임을 완수하는 데는 나만의 노하우가 있다. 왼손 엄지손가락에 펜으로 표시를 해 두면 밥

먹기 전 손을 씻을 때 눈에 가장 잘 들어온다. 다섯 손가락 중에 유일하게 마디 수가 하나뿐인 엄지손가락에 몇 가지 품목을 다 적지는 못하기에 콩나물은 콩, 풋고추는 고, 배추는 배라고 적는다.

바쁜 시긴에 심부름을 히는 것도 즐거움과 보람이다. 심부름이 없는 날은 왠지 손이 허전해서 괜히 집 안을 한번 휘둘러 보고 나가게 된다. 매일같이 연장 근무를 하니까 시장 볼 시간조차 여의치 않을 때가 많다. 최근엔 대형 할인 매장도 곳곳에 있기 때문에 장보기가 여간 편리하지가 않다. 재래시장을 고집하는 분들도 나름 이유가 있다. 매장에서 물건을 구입할 때는 10원짜리까지 계산에 포함되지만 재래시장은 다르다. '할머니. 고추 조금만 더 주세요' 말 한마디 이쁘게 던지면 한 줌씩 덤으로 오기도 한다. 그럴 때면 기분이 좋아진다.

날마다 점심시간에 시장 골목을 지나다 보니 상인들의 얼굴을 많이 익히게 된다. 생선집 아줌마, 사진관 아저씨, 닭집 내외분 등 비록 앉는 자리는 불편하지만 여럿이 모여 정담을 나누며 맛난 점심을 들고 있는 모습을 자주 대하게 된다. 그럴 때면 먹는 걸 보고 참지 못하는 내 배 속에서 꼬르륵 소리가 옆 사람에게 들릴 정도이다. 따끈따끈한 호박전 한입에 따스한 온정을 느낀다. 시장 길을 지나는 발걸음은 이래저래 신이 난다.

이들은 어쩌면 가족 그 이상이다. 작은 일이라도 생기면 경쟁하듯이 서로를 위해 달려간다. 매끈매끈한 도토리묵 같은 손아귀에서 쏙쏙 빠져나가는 이웃이 아닌 쫄깃하니 감칠맛 나는 찹쌀떡 같은 이웃으로 서로에게 존재하고 있다.

웃음 시계

가끔 철부지 시절이었던 십대의 일들이 동영상으로 떠오를 때가 있다. 과거에 집착하고 있는 것이 아니라 과거를 거울삼아 현재의 어려움을 이겨 내기도 한다. 초등학교 졸업 후 그 이듬해 누구의 잘못도 아닌 가난으로 중학교를 일 년 정도 늦은 나이로 입학했다. 일 년의 공백 기간 때문에 첫 시험을 엉망으로 치렀던 기억이 생생하다. 우째 이런 일이! 이럴 수는 없다. 이러면 안 된다는 생각이 머리를 때렸다. 일 년 후배들의 의아해하는 듯한, 더러는 비웃는 듯한 시선들이 마주하면서 금방 눈물이 쏟아졌다. 중학교 교복을 입을 수 있게 해 준 선생님과, 힘겹게 뒷바라지를 해 주는 부모님께도 도리가 아님을 자각하고 마음을 다잡았다.

두 번째 시험이 다가왔다. 일주일 동안 집중적으로 시험 공부에 매진했다. 암기 과목은 몇 번이고 반복했고, 내가 힘들어하는 수학은 머리가 지끈거리도록 풀고 또 풀었다. 별빛마저도 어디론가 숨어 버린 새벽녘 손바닥만 한 탁상시계 소리가 집중을 흐려 놓았다. 주위가 조용하니 시계 소리는 더 크게 들렸다. 똑딱 소리가 거슬려 옷장 서랍에 넣고 옷으로 다독거려 덮어두고 다시 책을 들었던 기억이 그 시절의 동영상 중 으뜸이다.

문득 고개를 들어 집 안 곳곳에 걸려 있는 시계들을 쳐다본다. 정면엔 기차 소리로 알람을 알리는 오래된 탁상시계가 있고, 옆으로 고개를 돌리면 뻐꾸기시계가 추를 쉼없이 흔들고 있다. 요즘은 그런 시계를 대신해 주는 휴대폰이 머리맡을 지키고 있다. 식구 수대로 시계를 소지하고 있지만 소리가 방해된다고 불평하는 일은 더 이상 없다.

시곗바늘을 붙잡으면 세월이 흐르지 않을까? 시계를 거꾸로 가게 하는 방법은 없을까? 사는 동안 누구나 한 번쯤 시간이 멈추기를 바랐던 때가 있을 것이다. 아이들이 어릴 때는 잠자는 모습이 너무도 평화롭고 예뻐서 그 모습 그대로 내 눈 안에 머물러

있어 주기를 바랐던 적이 있다. 세상 모든 엄마들의 한결같은 마음일 것이다. 이렇듯 천사 같았던 아이들도 하루 스물네 시간 쉼 없이 더하기를 하면서 오늘의 모습으로 변모시켰다. 누구나 같은 빠르기로 시간이 가는데 왜 이리도 아이들은 잘 자라고 어른들은 빨리 늙을까. 주름이 늘어가는 건 서글픈 일이다. 아름답게 곱게 늙어 간다 해도 그렇다.

그래서 난 오래전부터 내 나름대로 젊게 사는 방법을 터득하여 실행에 옮기려고 애쓰고 있다. 감정을 조절하는 능력이 있는 유머의 소유자가 분노나 욕설도 웃으며 되받아칠 수 있는 것이다. 내 감정과 주장만으로 상대를 비난하면 어렵게 쌓은 대인 관계는 한순간에 파괴된다.

웃음은 나에 대한 상대방의 모든 의혹과 경계심을 없애 줌으로써 서로 간에 깊은 신뢰 관계를 형성할 수 있게 해 준다. 내 가족, 친구, 회사 동료, 내가 만나는 모든 사람들이 나를 행복하게 해 주기 위해 세상에 등장한 사람이라고 생각해 보라. 내 자신도 행복해지고 내 입에선 즐거운 이야기가 나오고 얼굴은 늘 웃음이 떠나지 않을 것이다.

웃음의 철학을 터득했다. 순간마다 행복한 일들이 일어났으면 좋겠다. 얼굴에 하나 둘 늙어 가는 주름을 보며 서글퍼하기보다는 마음의 주름을 펴기 위해 혼자서만 알고 있는 웃음보따리를 자주 푸는 것도 방법이다. 가족 앞에, 이웃과 함께, 내가 알고 있는 모든 이들에게 하루 스물네 시간이 웃음으로 채워졌으면 좋겠다. 웃으려고 노력하면 불가능한 일은 아니리라. 모두에게 웃음 시계 하나씩 선물하고 싶다.

할아버지의 알밤 세 톨

앞산을 올랐다가 내려오는 길에 주택가 공원을 지나게 되었다. 귀에 꽂은 라디오에 집중하고 발걸음도 가볍게 걷는데 할아버지 한 분이 불쑥 뭔가를 내 손에 쥐여 주셨다. 알밤 세 개가 손바닥에서 수줍은 듯 웃는다. 토실토실하니 잘 여문 밤을 한참이나 들여다보다가 고맙다는 인사를 건넸다. 할아버지는 내 마음을 읽으려는 듯 그냥 서 계시더니 힘에 겨운 듯 벤치에 쓰러지듯 앉는다. 손에 쥔 밤 세 개를 내려다보면서 우리 가족이 넷이 아니라 셋인 줄 어떻게 알았을까를 생각하며 고마운 마음이 들었다.

할아버지는 말벗이 그리운 듯 이어폰을 빼고 옆자리에 앉는 나를 반가운 눈빛으로 맞는다. 아직껏 밤을 꼭 쥐고 있는 내 손에 할아버지의 시선이 모이더니 당신 집 뒤에 밤나무가 있다고 하셨다. 처음 나를 봤을 때 당신 며느리를 닮았다는 생각이 들었다고 하셨다. 아들 둘에 딸 셋을 두셨는데 맏며느리가 대학교수라는 말도 덧붙였다. 그러는 할아버지의 얼굴에 피곤은 간데없고 생기가 돌았다. 나도 애들 생각만 하면 그런데 할아버지 역시도 마찬가지였던 터이다.

할아버지의 이야기가 길어졌다. 할아버지는 보청기를 꽂고 계셨는데 청각 장애 1급이라고 하셨다. 나도 중이염 수술을 한 적이 있어서인지 남달리 애잔한 마음이 들었다. 대학교수 며느리가 할아버지 명의로 차를 구입해 주더라는 말도 했다. 아마도 장애 할인 혜택을 받기 위함이리라.

명절이 되면 넓은 마당에 다섯 대의 차가 주차된다고 하신다. 그중에서도 할아버지가 가장 자랑스러워하시는 건 회사 대표로 있는 큰아들이 아니라 대학교수인 큰며느리라는 사실이 말씀 중에 느껴진다. 그런 며느리를 닮은 내가 지나가는데 밤을 주고 싶은 건 기분 좋은 일이었을 것이다. “할아버지 건강하세요. 길거리 차 조심하시구요. 저는 집에 가서 저녁밥을 해야 합니다.” 하면서 자리에서 일어났다. 또박또박 큰 목소리로 말하는 내 목소

리에 단번에 알아들을 수 있어 만족하신 듯 빙그레 웃으시며 다시 한 번 내 손을 꼬옥 잡아 주신다.

돌아서서 내려오는데 자꾸만 뒤가 밟혀 몇 번 돌아보다가 누군가 앞에서 부르는 소리에 보니 마스크로 얼굴을 가린 회사 동료 둘이 걸어온다. 수연이와 경숙이 둘은 단짝 친구다. 묻지도 않았는데 손에 쥔 밤을 할아버지한테 얻었다고 자랑하였다. 훗날 나도 할머니가 되면 우리 집 마당에 차가 두어 대쯤 주차하게 될 건지. 그때쯤 어쩌면 다른 길에서 만난 누군가에게 할아버지처럼 내 자식들 자랑을 하고 싶어질까. 그럴 만큼 내 자식들이 제자리를 잘 지키며 살아가게 될까. 그렇게만 된다면 참 좋겠다는 생각을 하며 손에 쥔 밤 세 개를 식탁 위에 내려놓았다. 한 개는 강원도 동해 쪽으로, 한 개는 안동 기숙사 쪽으로, 나머지 한 개는 내 몫이니까 그냥 아무 방향으로나 놓아두면 되겠다.

하루 세 번 이를 닦으며

"그 애는 입이 너무 커서 보기 싫더라."

"아니야. 그래도 새하얀 이를 드러내고 웃는 모습은 정말 매력적인걸."

"매력 좋아하고 있네. 우리 엄마가 그러는데, 새하얀 이보다 약간 누런 이가 더 튼튼하다고 했어."

"치."

담 모퉁이 양지바른 곳에 모여 놀던 아이들의 주고받는 말장난은 도무지 끝날 줄 모른다. 그래, 아무러면 어떠니, 햇살에 반짝이는 진주알처럼 새하얀 이는 그대로 돋보일 테고, 누런 이는 또 나름대로 튼튼하다고 하니 불결해 보이지 않아 좋지 않을까! 외모보다 마음이 깨끗한 사람, 남보다 눈이 조금 크지 않고 코가 좀 낮게 자리하고 있어도 마음을 깨끗이 닦은 사람이야말로 된 사람이 아닌가 싶다.

요즈음 매스컴을 통해 한창 떠들어대는 폐수 문제만 해도 그렇다. 어떻게 관리하였기에 이렇게까지 우리의 아름다운 조국 산천이 병들어 간단 말인가. 폐수 때문에 생활 자본의 제1호라고 해도 과언이 아닌 식수 문제까지 심각한 사태로 와 있는 지금이다.

사랑스런 아이들에게 마음놓고 물조차 먹이지 못하는 현실이 안타깝다. 각종 폐수를 흘려보내는 비양심적인 사람들은 이번 경험을 계기로 크게 각성할 일이다. '합성 세제 오염으로부터 환경을 보호하자'는 광고가 아니더라도 우리 가정의 주부들도 한 번쯤 짚고 넘어가야 되지 않을까 싶다. 합성 세제를 과다 사용하여 흘려보내는 폐수는 없는지, 쓰레기를 지정 장소 외에 버리지 않은지 돌아봐야 한다.

하루에 세 번, 3분간 깨끗이 이를 닦고, 하루에 세 번이 아닌 한 번만이라도 그날을 돌아보고, 반성할 줄 아는 기본 양심을 키울 일이다. 아이는 시키기도 전에 스스로 식사 후 이를 닦는 부지런을 떨고 있다. 엄마 입장에서 바라볼 때 당연히 대견스럽다는 생각이 들지만 남의 아이들도 다 그렇게 하고 있다.

활짝 피었던 개나리꽃이 지려고 한다. 이번 주말쯤엔 카메라에 개나리보다 더 환한 아이들의 함박웃음도 담아야겠다. 이를 깨끗이 닦은 상쾌한 입안을 즐거워하듯, 새봄을 맞이하여 마음의 문을 활짝 열고 이웃 간의 가벼운 대화도 건네 볼 일이다.

가을은 진행형

깊어 가는 가을 속으로 들어가지 않고는 더 이상 참을 수가 없는 날이다. 망설임 없이 일어나 회사 내 정원에 만발한 국화 향기를 가슴 깊숙이 들이마신다. 깊고 깊은 향기에 취해 깨어나지 못하고 있는데 곁에서 제자리를 지키고 있는 모과나무가 질세라 더 짙은 향을 내뿜는다. 가을 잔치에 파묻혀 근무한 지 어느덧 4년 차다. 국화와 모과 향을 즐기노라면 주변을 둘러싸고 있는 공장에서 내뿜는 매연이 옅어진다. 가슴이 절로 탁 트인다.

내가 근무하고 있는 일터가 자랑스럽다. 정원의 꽃과 나무들은 언제나 나를 좇아 함께 웃어 준다. 가을 잔치의 하이라이트인 회사 정문 국화밭은 회사에서 바지런한 손끝을 놀리는 경비 아저씨가 베푸는 선물이다. 아저씨가 만들어 놓은 아름다운 꽃밭에서 노랗고 희고 빠알간 국화와 만나는 시간이면 나는 무한한 행복감에 젖는다.

며칠 전까지만 해도 가지가 부러질까 걱정될 만큼 많이 달린 빨간 석류를 보며 눈이 호강을 했다. 오늘은 정원 가장자리에 우뚝 서 있는 모과나무에는 모과가 잔뜩 달려 있다. 그동안 탐스런 열매를 보면서 눈과 마음이 모과 향으로, 석류 빛깔로 예뻐졌으니 그것으로 만족이다. 꼭 입에 넣어야 맛이 아니라 이미 눈으로 여러 개를 먹지 않았던가.

가을이 되면 회사에서는 또 다른 즐거움이 기다리고 있다. 동료들은 들판의 가을걷이가 끝나자마자 손에 손에 곡식들을 들고 나온다. 실한 곡식들을 너도나도 착한 가격으로 손에 넣을 수 있는 일 또한 우리 회사의 오랜 전통이다. 올가을 첫 번째 판매는 고구마다. 호박고구마는 일반 고구마를 제치고 판매량 90%를 차지하는 쾌거를 올렸다. 판매자 K 언니는 초보라서 그런지 점심도 제대로 못 먹고 애를 쓴다. 어제는 인삼, 오후엔 검은콩, 퇴근하면서 보니 대추가 적혀 있다. 기다리는 검은콩은 주문한 지 일주일이 지났는데 아직 소식이 없다.

비공식적으로 판매되는 것들도 있다. 그건 양이 많지 않은 품목들이다. 나는 3년째 찰흑미를 팔고 있다. 시누이가 농사지은 것인데 벌써 상당한 단골을 확보했다. 고구마를 능가하는 인기 품목이다. '누이 좋고 매부 좋고'가 아니라, 시누이 좋고 올케 좋은 일이다. 과일 거래도 몇 번 있었다. 제일 좋아하는 사과를 주문할까 말까 망설이는 사이 주문 메모지가 없어졌다. 한발 늦었다. 선착순 판매는 판단을 빨리 해야 한다. 머뭇거리다간 싱싱하고 저렴한 농산물을 놓치게 된다.

직장 생활하는 동안 물론 월급날이 가장 신나는 날이지만 점심시간이 주는 달콤함을 빼놓을 수 없다. 화단의 풍경도 좋지만 휴게실에서의 꿀 같은 휴식도 빼놓을 수 없는 일과 중의 하나이기 때문이다. 동료들과의 수다로 찐 웃음을 나눌 수 있고 유일하게 핸드폰을 마음놓고 사용할 수 있는 시간이기도 하다. 다양한 정보를 교환하고 스마트폰 안의 신세계를 젊은 친구들에게 배우기도 한다.

가을단풍은
우리에게
나이가들어도
그자체가
또아름다울수
있다는것을
가르쳐줍니다

나는 또 가을이 되면 시인이 된다. 마치 푸른 물감을 풀어놓은 듯한 하늘을 보고 있노라면 내 마음은 풍선을 타고 두둥실 떠오른다. 그러다가 울긋불긋 단풍이라도 만나면 그 아름다움을 놓칠세라 허공을 휘젓기도 한다.

해마다 풍성해져 가는 회사의 익숙한 풍경이 내 작은 마음을 크게 채운다. 내 마음에 가득 채운 것들은 혹시 나와 생각이 다른 사람의 마음밭에도 국화 향처럼 은은하게 뿌려 주고 싶다. 굳이 가는 가을을 붙잡거나 서둘러 오려던 겨울을 저만치 밀어내지 않아도 회사에서의 가을 속으로 푹 빠져들고 있는 요즈음 난 참 많이 행복하다. 오늘은 강경 젓갈을 주문 받는다는 쪽지가 탈의실 게시판에 붙었다. 회사 내에서 가을 행복은 여전히 진행형이다.

내 안의 먼지

퇴근 시간 현관문을 밀고 들어선다. 말끔해진 계단이 반긴다, 눈은 반짝 빛나고 발바닥은 웃는다. 용역 업체에서 청소를 한 모양이다. 발걸음이 가볍다. 3층까지 오르다 보니 다리까지 웃는다. 물청소를 했기 때문에 먼지 하나 없는 느낌이 좋다. 또 하나의 현관문을 밀고 집 안에 들어선다. 바로 보이는 거실장 위 먼지가 오늘따라 눈에 들어온다. 벽면에 한자리 차지하고 있는 거울의 잡티도 보인다. 마치 갑자기 생긴 것처럼…….

일정에 없던 대청소를 시작했다. 계단 덕분이다. 맨손으로 박박 눈실러 걸레를 빨았다. 깨끗해진 걸레로 집 안 구석구석을 닦았다. 바닥은 깨끗해져 윤기가 흐르고 걸레는 점점 더러워진다. '걸레는 빨아도 걸레'라는 말은 걸레라는 개념을 떨쳐내지 못함에 있는 것 같다. 걸레도 깨끗이 빨다 보면 행주와 구분이 쉽지 않다. 내친김에 행주로 주방 청소까지 한다. 가스레인지가 반짝이며 활짝 웃는다. 깨끗해진 식탁에 앉아 늦은 저녁을 먹는다. 시장이 반찬이라 했던가. 같이 밥 먹어 줄 사람 없고 변변한 찬도 없는 소박한 식탁이지만 맛나게 먹는다.

세상 참 많이도 좋아졌다. 특히 힘든 집 안 살림하는 주부들이 많이도 편해졌다. 돈만 주면 계단 청소해 주고 집 안 청소까지 해 주니 얼마나 편한 세상인가. 진공청소기도 부족해 힘든 걸레질을 대신 해주는 스팀 청소기까지 등장해 이제 더 이상 구부리고 허리 아프게 물걸레질하던 시대는 지났다.

집 안에 먼지가 사라지니 씻지도 않았는데 몸이 개운해진다. 털어서 먼지 안 나는 사람 없다는 말은 그만큼 인간에게는 누구나 크고 작은 허물이 있게 마련이라는 뜻이다. 무슨 일이든 사사건건 따지기 전에 한발 양보하는 미덕을 가진다면 정말 좋겠다. 먼지 하나 없이 찬바람만 쌩쌩 부는 사람은 왠지 거북하다. 사람

냄새 나는 사람, 말 한마디 건네 보고 싶은 푸근한 사람이 좋다. 넘어져 옷에 흙이 묻어도 툭툭 털어내며 씨익 웃을 수 있는 넉넉한 사람이 나는 좋다. 누가 내 머리를 만져도, 몸이 살짝 스쳐도 가식 없이 웃을 수 있는 사람이 옆에 있다면 정말 좋겠다.

아침에 씻어 둔 운동화가 생각나서 옥상에 올라갔다. 누가 잡지도 않는데 뒤가 밟힌다. 어둠이 살포시 내려앉은 옥상 가장자리에 기대서서 잠시 명상에 잠긴다. 드물게 가져 보는 시간이다. 나는 언제쯤 내 안의 먼지를 닦아 낼 수 있을까. 어떻게 하면 되는지 선생님들께 여쭤보기라도 할까. 걸레나 행주는 더러워지면 옥시크린에 삶아 빨면 쉽게 해결되지만 하루에도 열두 번도 변하는 게 사람의 마음이고 보니 내 안의 먼지를 닦아 내는 데는 하루아침에 해결될 문제가 아니다. 하늘 한번 올려다보는데 어느새 서늘한 밤기운이 밀려와 내 등을 떠민다. 그사이 하나 둘 늘어난 불빛들이 잠시나마 내 안의 먼지를 덮어버리고.

양파껍질을 벗기며

영화 「집으로」를 본 후 한참 동안 마음이 짠해 왔다. 주인공 할머니와 구멍가게 친구 할머니의 대화 중에 '죽기 전에 또 봐' 하는 대사가 잊히지 않는다. 나도 언젠가 누군가와 저와 같은 대화를 나누게 될 날이 올 것이다. 허무하다.

뼛속 깊이 파고드는 할머니의 외로움을 함께 나누는 외손자의 철딱서니 없는 행동들이 보는 이로 하여금 안타까운 마음이 들게 했다. 듣지 못하고 말하지 못함이 안타깝고 처음엔 그런 할머니를 이해하지 못하는 손자의 막무가내 생활이 마음 아팠다. 버스가 출발하려는 순간에 차에서 내려온 아이가 '아프다', '보고 싶다'라는 글이 적힌 그림엽서를 건네주는 장면과, 그것을 손에 쥐고 산등성이를 넘어가는 할머니의 모습이 여운으로 남아 있다. 내년이면 팔순이 되는 친정어머니의 모습이 겹쳐 떠오른다.

주인공 할머니의 파뿌리와 내 어머니의 염색 한 빈 안 한 검은 머리카락이 비교되면서 다행이다 싶고, 할머니의 구부러진 허리에 지팡이 짚은 모습을 보며 아직은 꼿꼿하신 엄니가 자랑스럽기까지 하다. 묻지도 않은 딸아이 앞에서 넋두리 하소연을 해 본다. 어머니 생각을 하다가 문득 생각난 게 있어 주방으로 갔다. 양파 껍질을 벗긴다. 한 겹 두 겹 양파는 껍질이 모두 여덟 겹이라고 들었다. 날마다 주방에서 한 일인데도 알 것도 같고 모를 것도 같은 아리송함이 머릿속을 하얗게 비워 놓는다.

가게 할머니의 대사가 자꾸 가슴속으로 파고든다. 나도 모르게 양파를 손에 쥐었다. 양파의 겉껍질을 벗기면 마치 아기 피부 같은 새하얗고 매끈한 두 번째 표면이 조금은 수줍은 듯 모습을 드러낸다. 할머니의 깊고 굵은 주름이 떠오르면서 사람의 피부 구조도 양파와 같은 원리로 이루어졌다면 어떤 현상이 일어날까 하는 생각이 들었다.

연륜이 쌓이면 수월하리라는 생각과는 달리 살아가면서 점점 더 어려움에 부딪히는 일이 많고 고민할 일이 늘어남은 나의 수양이 부족한 탓이다. 일 년에 한 살씩 저절로 불어나는 나이지만 지금부터라도 나누기와 빼기만 할 것이 아니라 더하기와 곱하기로 차곡차곡 쌓아 가야겠다. 그러노라면 삶의 보자기는 연륜에 걸맞게 보람으로 채워질 것임을 왜 진작 깨닫지 못했을까. 알면서 실천하지 못한 게으름의 실체가 오늘날 나의 모습이다. 양파 껍질을 벗기면서도 단순하게 겉모양만 볼 것이 아니라 내면을 생각하면 결론은 달라질 것이다.

양파 껍질을 벗기며 생각이 많다. 겉은 물론이지만 내면도 희고 매끄럽게 다듬어야겠다. 영화 속 할머니의 모습이 양파 껍질을 벗기는 나에게 교훈으로 다가온다. 오늘 내가 무심코 던진 말 한마디가 타인에게 상처를 주지나 않았는지 가슴에 손을 얹는다.

4
때로는 여유로움도

조그만 화단을 만들고 씨를 뿌리고
날마다 싹이 나오기를 기다리며 무시로 들여다보는
기쁨에 빠진 적이 있다, 그러다가 하나라도 떡잎이 나오게 되면
그 반가운 마음은 무엇이라고 형용할 수 없다.

때로는 여유로움도

아스팔트 열기가 화끈하게 달아오르던 며칠 전, 잘 아는 이웃 아저씨가 오토바이 사고를 당했다는 소식을 들었다. 아찔했다. 그것도 승용차가 아닌 오토바이라는 사실 때문에 더욱 큰 충격으로 느껴진다. 결코 방관할 문제만은 아니라는 생각이 들면서 괜스레 오토바이 핸들 잡기가 두려워진다. 어쩌다 사고가 났을까! 과속이 원인일까? 아니면 음주? 그도 저도 아니면 운명인가. 갑자기 머릿속이 복잡해지면서 잡념이 인다.

거리에서 일어나는 불상사들이 어디 이뿐인가. 우리 주변엔 순간을 참지 못해 일어나는 불상사가 얼마나 비일비재한가. 차를 탈 때만 해도 그렇다. 서로 먼저 타려고 난리법석이다. 승객도 그렇지만 운전자는 또 어떤가. 노인이나 아이 딸린 부인이 꾸물거리고 있으면 정신 못 차리게 닦달한다. 특히 학원 차를 비롯한 유아들을 대상으로 운전을 하시는 분들은 각별히 주의를 요해야 할 것이다.

우리는 왜 이렇듯 허둥대며 살아야 하는가? 가난하니 부지런히 뛰어서 먹고살아야 한다는 대답으로만은 충분치 않은 우리의 고질화된 습성이 분명 있는 것 같다. 교통사고율의 기록을 깨는 것도 모두 이 빨리빨리 습성 때문이 아닌가 싶다. 참을성이 없어서도 아니고 옹졸해서도 아닌데 왜 그런지 모르겠다. 앞으로는 아무리 바빠도 좀 천천히 달려야겠다고 스스로에게 다짐한다. 앞만 보고 달리지만 말고 때로는 옆도 뒤도 한 번쯤 돌아보는 자세를 가져야 할 것이다. 그렇게 되면 먼저 교통사고를 줄일 수 있을 것이다. 아무리 스피드의 시대이지만 교통 문제에서만큼은 너무 서둘지 말아야 할 일이다. 이렇게 바쁘고 저렇듯 말 많은 세상에 살면서 정작 고민해야 할 것은 무엇일까? 후손들에게 무엇을 유산으로 남겨 줄 것인가?

조그만 화단을 만들고 씨를 뿌리고 날마다 싹이 나오기를 기다리며 무시로 들여다보는 기쁨에 빠진 적이 있다. 그러다가 하나라도 떡잎이 나오게 되면 그 반가운 마음은 무엇이라고 형용할 수 없다. 속잎이 나고 키가 자라면 기쁨도 따라 자란다. 이것은 곧 득의의 기쁨이요, 성취의 기쁨이다. 화단 앞에 고요히 앉아서 꽃나무를 바라보노라면 슬며시 행복이 다가온다. 분노도 꺼지고 욕심도 없어지고 온갖 더럽고 모질고 어지러운 생각이 일시에 사라져 버린다. 사람의 마음이란 일으키면 일어날수록 어지럽게 헝클어져 나중에는 이성을 잃게 되는 반면 차분하게 가라앉히면 이성이 맑아져서 사리를 분별하고 시비를 판단하여 죄를 짓지 않을 수 있다. 사소하게 보이는 것들이 일상을 살면서 얻을 수 있는 교훈이다.

풀잎 하나를 보고 그 신비한 생명력에 대해 생각하고 상상해 볼 수 있는 정신적 여유로움이 필요하다. 물질적 풍요를 남겨 주는 일이 오히려 쉬운 일이 될지도 모른다. 우리는 꽤 오랜 세월 동안을 빠른 성장만 염두에 두며 살아오면서 지켜야 할 소중한 것을 많이 놓치고 산다는 생각이 든다.

차를 탈 때도 그렇고, 무슨 일로 화가 났을 때도 그렇다. 그 싱

황에서 한 발을 물러서고, 한 번 더 참고 생각할 일이다. 흔하게 발생하고 있는 교통사고를 보면서 깨달아야 한다. 아차 하는 순간에 모든 소중한 것들을 잃어버리고 평생 지울 수 없는 멍에를 지고 살아갈 수도 있기 때문이다. '빨리빨리 좋아하는 사람 빨리 빨리 죽는 기라'라는 구절을 어디선가 읽고 고개를 끄덕인 적이 있다. 문득 새로운 힘이 솟는다.

선생님의 정년퇴임

며칠 전 초등학교 은사님으로부터 전화 한 통을 받았다. 언제 어디서 정년퇴임식이 있는데 제자의 글을 싣는 부분이 있다면서 간단한 글을 준비하라고 하신다. 엉겁결에 대답은 해 놓고 잠시 고민을 했다. 이럴 때 글 좀 잘 쓴다면 얼마나 좋을까. 이런저런 추억이며, 현재의 생각들을 버무려 메일로 보내 드렸다.

드디어 그날이 되었다. 설렘이 충만한 날 마치 내가 주인공인 양 몇 번이나 거울 앞에 서 본다. 눈은 거울을 바라보고 있지만 머리는 지난 일들이 주마등처럼 스친다. 몇 년 전에 뵈었을 때 귀밑머리가 희끗했는데 그동안 어떤 모습일까. 혹시 염색이라도 하신 건 아닐까. 여름의 끝자락을 붙잡고 싶다. 선생님의 소맷자

락도 잡고 싶은 날이다. 그래서 다시 학교에 머무를 수 있기를 바라는 마음이다. 벌써 정년이라니. 믿어지지 않는다.

이런저런 생각을 하며 꽃집에 들러 선생님 가슴에 안겨 드릴 향기 좋은 꽃을 준비했다. 아직도 여름 내음이 물씬 풍기는 대구지만 긴 팔을 입었는데도 덥게 느껴지지 않는 건 아마도 좋은 생각만 했기 때문일 게다.

많은 분들이 선생님의 정년퇴임을 축하하러 오셨다. 마음 같아선 그분들께 큰 박수라도 보내고 싶다. 적어도 내게 있어서 선생님은 부모님만큼이나 존경하는 분이기 때문이다. 최근 몇 년 동안 두 아들을 모두 결혼시켰다. 할아버지가 되신 선생님은 행복해 보였다.

그렇게 세월이 흘렀음에도 선생님은 변하지 않으셨다. 정이 묻어나는 목소리가 특히 그렇다. 삼십 년이 지난 그때나 지금이나 한결같으신 선생님의 제사에 내한 따뜻한 마음. 웃으실 때 잇몸이 훤히 드러나 보이는 것까지. 초등학교 5, 6학년 그리고 더하기 1년, 선생님과의 귀한 인연으로 고등학교까지 무난히 졸업할 수 있었던 난 분명 크나큰 행운아임에 틀림없다. 함께 자리한 고향 선배들도 화기애애한 분위기에 휩싸여 있다. 고귀한 보람. 아쉬운 이별로 선생님께 꽃다발을 드리고 돌아서서 자리로 오는데 눈시울이 뜨거워졌다.

선생님의 퇴임사 중에 감명 깊은 부분이 있었다. '리타이어'에 대해 설명하시면서 타이어를 새것으로 갈아 끼우면 다시 차가 힘차게 달릴 수 있다고 하셨다. 그래서 선생님은 지금부터 다시 리타이어로 인생을 시작하고 싶다고 하셨다. 앞만 보고 살아오셨다는 선생님의 말씀을 가슴에 담아 오면서 과연 나는 선생님의 제자로서 부끄럽지 않은 삶을 살고 있는지 자문해 본다. 학문의 열정과 사림의 향기로 인재 양성에 몸 바치신 선생님의 삶을 본받고자 오늘도 나는 아이를 앞에 두고 잔소리를 준비한다.

가끔 꿈속에서 선생님을 뵙고 나면 다음날은 희한하게도 기분 좋은 일이 생긴다. 꿈속에서 만나는 선생님은 여전히 초등학교 6학년 담임이시다. 기분 좋은 잠을 청해 본다.

옆집 아줌마

나는 지금 아파트에 살고 있다. 빈 공간이 한 평만 있어도 나만의 방을 갖고 싶었는데 결혼 후 소원이 이루어졌다. 이웃도 모르고 산다는 아파트는 '삭막'이라는 단어가 필연으로 따라붙는다. 이사 와 살기 시작하면서 그 틀을 깨어 보고자 음식 나누기를 했다. 어차피 내 가족이 다 못 먹을 음식이기에 두말할 것도 없었다.

한번은 덤으로 얻은 상추가 많아 나누었고, 어느 날은 제삿밥을 나눠 먹기도 했다. 제삿밥은 옆집 아줌마가 즐겨 드신다는 것을 이사 온 며칠 후부터 알게 되어 일부러 챙겼다. 제삿밥을 들고 옆집의 초인종을 누르는데 아줌마는 보이지 않고 딸애가 나오며

"엄마 병원에서 아직 퇴원하지 않았어요." 하는 것이었다. 그러고 보니 보름쯤 전인가 병원에 입원했다는 소식을 들은 기억이 났다. 낮 시간에 문소리가 나기에 그냥 '아줌마가 오셨구나.' 했는데 여태 병원에 계셨다는 말인가. 쟁반을 든 손이 미안해서 얼른 딸에게 건네주고 두어 발자국 거리를 단번에 건너왔다.

단독 주택에 살 때는 느끼지 못했던 상황을 자주 접하게 된다. 그야말로 말로만 들었던 아파트 생활을 피부로 느낀다. 비가 와도 신발이 젖을까 걱정 안 해도 되지만 베란다 창문이라도 열어 봐야 바깥 공기를 가늠할 수 있다. 이사 온 지 몇 달이 지나도록 쓴 커피 한 잔 나눈 지가 까마득하고 아니 할 말로 옆집에서 이사를 갔다 해도 알리지 않으면 모르고 산다. 엘리베이터 안에서 낯모르는 이와 단둘이서 몇 초 간이나마 같이 있을 때의 그 서먹함은 얼마나 어색한가. 괜스레 천장 한 번 쳐다보고 벽면 거울 쳐다보며 머리 한 번 쓸어 올리는 연기도 해 본다. 내가 먼저 몇 층에 사는지, 몇 호에 사는지 말을 걸어 볼까. 입이 안 떨어지면 그냥 고개 한 번 끄덕여 볼까 하지만 그것도 어쩐지 내키지 않는다. 그렇게 하루하루 지나면서 그런 생활에 익숙해져 간다.

어느 날 오후였다. 시원한 옷차림으로 한가한 시간을 보내고 있는데 열린 문틈으로 '아줌마?' 하는 소리가 들렸다. 어디서 한 번쯤 들은 목소리의 주인공은 바로 옆집 학생이었다. 제 머리보다 큰 수박 한 덩이를 가슴에 안고 서 있는 것이었다. 눈이 둥그레진 채 수박 받을 생각은 하지 않고 "엄마 오셨니? 언제 퇴원하셨어?" 그것부터 물었다. 학생도 대답 대신 "아줌마 팔 아파요. 수박 받으세요." 하며 생긋 웃는다. 그제서야 수박을 받아들고 고마움을 표시했다. 옆집 학생은 '저희 엄마 병원에 계실 때 아줌마가 저희한테 잘해 주셨다고 갖다 드리랬다'고 하는 것이었다.

그 말을 듣는 순간 코끝이 찡했다. 병원에 계시는지 집에 계시는지조차 몰랐던 나는 수박을 든 채 무거움도 잊고 한참이나 그 자리에 서 있었다. 그래, 내가 먼저 마음을 여니까 결코 삭막한 세상은 아님을 확인하였다. 잘 익은 수박을 앞에 놓고 이웃 간의 정이 더 진하게 익어지도록 가꾸어 나가야겠다고 생각했다.

동창생

장맛비가 오락가락하는 어느 날 외출에서 돌아오니 딸아이가 웬 메모 쪽지를 불쑥 건넨다. 낯선 이름, 그리고 전화번호가 얌전한 글씨로 적혀 있다. 누굴까? 다시 딸애 책상 위에 두고 저녁 준비를 했다.

잠시 깜박 잊고 있었는데 친정엄마의 전화가 왔다. 가까이 살다 보니 전화보다 직접 들르면 된다는 핑계하에 안부 전화조차 자주 드리지 못하고 있었는데 무슨 일인가 걱정이 앞섰다. 하시는 말씀이 오늘 낮에 시내에서 내 고향 친구를 만났는데 그중 한 친구가 전화번호를 적어 주더라는 것이다. 그제서야 이름이 생각났다. 다른 고향 친구들의 얼굴들도 차례로 떠올랐다. 보고 싶었다. 엄마는 모두들 얼굴이 좋아 보여 반가웠고, 친구에게 꼭 전화 한 번 하라며 수화기를 놓는다.

당장 번호를 눌렀다. 수화기를 든 손이 벌써 웃고 있었다. 결혼 초에는 가까이로 시집간 친구들끼리 계 모임을 가졌었는데 시간이 지나면서 그만 흐지부지되고 말았다. 그 후 다시 모임을 갖게 된 것이 2년 정도 되었다. 알고 보니 같은 동네 사는 친구도 있었다. 이곳에 이사 온 지 몇 개월 되지 않아 이웃이 온통 낯설고 서먹한 때였는데 친구의 반가운 목소리는 청량제와도 같았다. 오랜만에 마음놓고 이름도 불러 보고 '그랬니?' '안 그러니?' 허물없는 대화를 나누다 보니 시간 가는 줄도 몰랐다.

그런 날들이 있었다. 달그락거리는 도시락이 춤을 추도록 흔들어대며 온몸을 뛰고 뒹굴며 등·하교하던 그리운 시절이 있었다. 선생님의 매를 피해 교실 통로 사이사이로 피해 다니며 짓궂게 굴던 잘생긴 머슴애는 지금쯤 어느 가정의 가장이 되어 있겠지. 친구들 함께 모여 마음껏 회포를 풀고 싶다. 결혼과 함께 멀어져 간 이름들이 다시금 되살아나서 가슴이 설렌다. 우리 다시 만나거든 남편이며 아이들 얘기는 하지 말고, 짧은 순간이나마

고스란히 우리들만의 얘기꽃을 피워 보리라 마음먹는다.

누구는 살이 많이 쪘고 빠졌고, 모두들 접어 두기로 하자. 살이 좀 쪘으면 어떠니. 우리 다시 만나면 그 시절로 돌아가서 하드도 하나씩 빨며 아무런 눈치 안 보고 잇몸이 다 보이도록 마음껏 웃어 보자꾸나. 주부들만이 느끼는 스트레스가 있잖니. 우리들의 그 화려했던 꿈들이 결혼과 함께 묻혀 버리고 주부가 이름이 되어버린 지금. 아이들 업고 걸리고 할 때는 정신없이 살다가 제 앞가림할 때는 내 생활이 있을까 했는데 그것 또한 쉽지 않으니.

나무들이 진초록으로 몸서리치는 계절이다. 참으로 그리운 친구들의 소식을 접하게 되어 기쁘고 손만 내밀면 만날 수 있다는 즐거움이 겹쳐 올여름은 아마도 시원하게 보낼 수 있을 것 같다.

좋은 인연

입동 추위가 예사롭지 않았다. 며칠 앞으로 다가온 수능일에도 예외 없이 입시 한파가 닥친다는 일기 예보다. 해마다 치르는 연중행사지만 막상 내 아이가 주인공이 되고 보면 몸만 추운 게 아니라 마음까지 차갑게 긴장되기 십상이다. 더구나 이번 입시에 우리 집 꼴통이 하나도 아닌 둘이 동시에 수능을 치르게 되고 보니 열성 엄마가 아님에도 마음이 착잡하기 이를 데 없다.

큰애가 대학 일 학년 재학 중에 갑자기 휴학을 하겠다고 했을 때 적잖이 놀랐다. 며칠을 고심하고 충분한 대화가 있은 후에 휴학에 동의했다. 처음엔 나도 대학생 학부형이 되었다는 뿌듯함 같은 것에 그지 공감했을 뿐 아이가 진정 원하는 길을 걷고 있는

지에 대해선 진지하게 고민하지 않았다는 사실을 휴학을 하고 나서야 깨달았다.

그 후 몇 달을 방황하더니 한 번만 기회를 주십사고 어렵게 입을 열었다. 지난 열 달 동안 딸애는 마치 태아가 어미 배 속에서 열 달을 고생하며 성장하듯 그렇게 조심조심 긴장 속에서 보냈을 것이다. 딸이라 그런지 어려서부터 문득문득 어른스러운 면을 자주 보여주더니 스무 해를 넘고부터는 집안 형편도 걱정하는 애어른이 다 되어 버렸다.

내가 가끔 생각해 보는 것은 두 아이 중 하나만 교사의 길을 걸을 수 있었으면 하는 바람이다, 내가 지금까지 살아오는 동안 우연인지 필연인지 선생님들과 인연이 많았다. 초등학교 때부터 지금까지 어려움에 처했을 때마다 지팡이와 그늘이 되어 주시고 때론 인생의 채찍이 되어 주시던 선생님이 여러 분이다. 내게 글 쓰는 재주를 주신 분은 부모님이지만, 그 재주를 갈고 닦도록 길을 열어 주신 분은 바로 선생님이셨다.

선생님들을 떠올리니 아들의 고등학교 담임 선생님 생각이 난다. 1학년 때였던가. 이쁜 처녀 선생님이 담임 되었다고 좋아하

더니 어느 날은 생일이라며 선생님이 선물을 주셨다고 또 자랑했던 적이 있었다. 그러더니 무슨 기념될 만한 날만 되면 자그마한 이벤트를 열어 아이들에게 큰 기쁨을 주곤 했다. 너무 고마운 마음에 '선주문학' 책자를 한 권 아이 편에 보냈더니 답례로 상대방이 부담스럽지 않을 선물을 쪽지와 함께 보내오셨다. 그 감동이 아직도 식지 않았는데 이번 수능을 앞두고 1학년 때 가르쳤던 제자들에게 일일이 찹쌀떡을 선물했다고 한다.

갑자기 닥친 추위에 때 이른 털 재킷을 걸치고 나갔던 아이가 현관에 들어선다. 평소 말이 없던 아들 녀석인데 오늘은 기분이 아주 고조된 듯하다. 집 안의 향기, 사람의 향기, 언 몸이 녹는 따스함과 함께 아들의 선생님께 대한 감사함이 내 마음까지 녹이는 순간이다.

수술실 앞에서

집안에 우환이 생겼다. 시동생이 갑자기 중병에 직면한 것이다. 내가 시집온 이래 지금까지 반듯한 모습만 비치던 사람이다. 그런 바른 생활을 누군가 시샘을 한 것일까?

뇌수술을 했다. 방송에서나 보아 왔던 '중앙수술실'이란 글자가 눈앞에 클로즈업된다. 장장 여섯 시간 동안 수술실 앞에서 기다렸다. 입술이 바짝 마른다. 출산이 가까워진 임산부인 동서는 친정 올케와 내 앞에서 눈물부터 쏟아 낸다. 모두 같이 울었다. 눈이 시리도록 좋은 오월의 햇살이 오늘은 차라리 얄밉다.

드디어 수술이 무사히 끝났는지 수술실 문이 열렸다. 푸른 가운을 걸친 의사 선생님의 모습이 마치 영웅처럼 위대해 보였다.

"수술은 잘되었습니다. 잠시 후에 중환자실로 옮겨질 겁니다." 라는 말을 남기고 사라졌다. 가족들의 고개가 동시에 숙여지고 서로를 바라보며 안도의 한숨을 몰아쉰다. 평소 집안의 큰 행사가 아니면 얼굴 마주하기도 힘든 사돈지간에도 오늘만큼은 예외다. 따스한 체온이 흐르는 두 손을 말없이 마주 잡는다. 서로를 바라보는 눈빛으로 마음이 전달되고도 남는다. 뇌수술을 할 때는 천당과 지옥이 왔다 갔다 한다는 말이 생각난다.

수술이 성공적으로 끝이 났다. 이 순간 무얼 더 바라겠는가. 놀란 가슴을 쓸어내리며 중환자 보호자 대기실로 향했다. 이곳이야말로 환자보다 더한 안타까움과 불안함, 기다림, 지루함 등이 있는 곳이다. 오늘 하루를 나는 시동생을 위해 보내기로 했다. 그동안 한 번도 사용하지 않았던 휴가를 얻어 동서랑 병간호를 하기로 했다. 하루 세 끼니때마다 면회를 한다. 동서가 죽을 떠먹일 동안 나는 팔다리를 바지런히 주무른다. 남자의 발가락 하나하나를 열심히 마사지했다.

의사 선생님이 왕진을 돌다가 시동생 앞에서 멈추더니 갑자기 묻는다. "이 사람 누군지 알아요?" "집사람." "그럼 이 사람은?"

"형수". 그러면서 "바보 아이가" 하고 덧붙인다. 이제 유머까지 곁들이는 걸 보면 그만큼 상태가 호전되고 있다는 뜻이다. 중환자실 특유의 가라앉은 분위기가 한결 밝아지는 느낌이다. 기분 좋은 일이다. 감사하고 고마운 일이다.

한 달 가까이 입원해 있던 시동생이 퇴원했다. 누구나 세상에 태어나 나이는 차례로 더하기를 하지만 질병이 찾아오거나 이승을 하직할 때는 순번이 따로 없다지 않는가. 자식이 먼저 떠나며 부모 가슴에 대못을 박는 일이 있는가 하면, 자식의 병수발에 해가 뜨고 지는지조차 망각하고 지내는 부모님들이 또한 얼마나 많은가.

예상보다 빠른 퇴원을 모두들 축하하고 고마워했다. 그동안 고통을 참으며 잘 견뎌 낸 결과라는 생각에 대견하기까지 하다. 앞으로도 일 년 정도는 계속 약을 복용하고 운동을 겸해야 한다고 들었다. 남은 과제는 시동생의 빠른 완쾌와 동서의 순산을 바라는 일이다.

이번 일을 계기로 남편과 아이들을 다시 한 번 돌아보게 되었다. 특히 아들 녀석. 컴퓨터가 친구고, 운동은 싫어하고, 주변 정리에도 게으른 한마디로 꼴통이다. 평소엔 잔소리를 달아서 했지만 녀석이 건강하다는 이유 하나만으로 마음을 비우고 살기로 했다. 병원 다닐 때 늘 따라다니는 눈부신 햇살이 오늘은 시원한 장대비가 되어 내 머리를 때린다.

도시락의 비밀

스승의 날에 즈음해서 초등학교 은사님을 뵈러 가는 길이다. 해마다 혼자 가다가 이번엔 동기회장과 동행하게 되었다. 선생님을 뵙고 싶다는 말을 어렴풋이 들은 적이 있어서 친구의 스케줄을 물었다.

대학교수로, 때론 직장 상사로, 사회 활동을 열심히 하고 있는 친구인지라 시간 내기도 힘들다 했는데 근로자의 날, 귀한 시간을 흔쾌히 내어 준 친구가 많이 고마웠다. 그래서 선생님께 드릴 선물에 친구 선물까지 얹어 준비했다. 설레는 마음에 정성까지 보태어 캘리그라피 두 점을 완성했다.

성주로 향하는 차창 밖에는 계절을 알리는 아카시아며 장미꽃이 창문을 뚫고 향기를 전해 주는 듯 장관이다. 그만큼 내 마음은 부풀어 있었고 입가엔 거울을 보지 않아도 아름다운 미소가 그려지고 있다. 선생님의 자택 대문 안에 발길을 옮기기도 전에 친구랑 함께 들어서는 모습을 멀리서 보셨나 보다. 마당에서 잡초를 캐던 호미 자루를 내던지고 나오신다. 두 팔을 벌려 격하게 반겨 주시는 모습은 마당의 온갖 꽃처럼 아름다워 보였다.

친구가 큰절을 올리겠다며 자세를 잡자 선생님은 손사래를 치신다. 선생님은 친구에게 맞절로 고마움을 보내신다. 친구가 오색 봉투 하나를 건네고 공식 절차가 끝났다. 선생님은 우리를 마당 한편으로 안내하셨다.

이곳은 선생님의 색소폰 연주 장소이다. 준비해 간 무선 마이크를 꺼냈다. 누가 먼저랄 것도 없다. 여든의 선생님께서 색소폰 연주를 하시면 예순의 제자는 노래를 부른다. 스마트폰의 반주기에 선생님과 두 제자가 번갈아 노래를 부르다가 마지막 곡은 '스승의 은혜'로 합창을 했다.

친구랑 셋이 마을 입구 단골 맛집에서 점심 식사를 했다. 해마다 찾다 보니 식당 사장님도 얼굴을 알아보시곤 반갑게 맞아 주신다. 그런데 선생님과 나는 맛난 음식을 잘도 먹는데 친구의 밥그릇은 줄어들지 않고 그대로였다. 선생님께서도 걱정스레 보시자 궁금증을 참지 못한 내가 도대체 왜 그러느냐고 물었다. 그때서야 친구는 당뇨가 와서 흰쌀밥을 멀리하고 야채랑 살코기 위주로 먹는다고 했다. 야채 그릇을 슬며시 친구 앞으로 옮겨 주었다.

집으로 돌아오는 길이다. 친구가 말없이 갓길에 주차를 하더니 뒷자리에서 뭔가를 꺼내 온다. '혹시 선생님께 드릴 선물을 깜빡하고 안 드린 건가.' 집에 가져가기도 뭐하고 내게 주려고 그러는 것인가. 짧은 시간에 별생각을 하던 중 친구가 펼친 내용물은 작은 도시락이었다. 아내가 남편의 식단을 염려하여 준비했던 것이다.

당근, 비트, 삶은 계란 하나 그리고 잡곡밥 조금이 정갈하게 들어 있었다. 친구가 먹어 보라고 권한다. 배는 부르지만 야채 하나를 집어 들었다. 친구 아내의 정성을 외면할 수 없었다. 선생님 앞에서 차마 꺼내지 못한 도시락, 그렇다고 집에 그냥 가져갈 수도 없었던 친구의 심정을 헤아리고도 남았다.

코흘리개 제자가 어느덧 선생님보다 훌쩍 커버린 지금, 귀밑머리도 희끗하니 무심한 세월을 말해 주고 있었다. 외모야 세월을 이길 수 없지만, 80대의 선생님 앞에서 티낼 수 없었던 60대 제자의 건강 적신호를 보고 생각이 많아졌다.

이참에 나도 하고 있는 취미 생활을 늘리지 말고 운동을 우선으로 꼽을 생각이다. 다음 기회에 친구를 볼 때는 부디 아내의 야채 도시락은 준비하지 않아도 되기를 진심으로 바라본다. 아직도 골목 어귀에 서 계실지도 모를 선생님의 걱정 어린 목소리가 길게 따라오고 있다.

한 번 해병은 영원한 해병

한 시간이 훨씬 넘는 거리를 쉼없이 달려 대전에 도착했다. 샛노란 은행잎과 새빨간 단풍잎이 서쪽 하늘 끄트머리에 햇살과 어우러져 운치를 더해 주고 있는 유성의 행사 장소에 들어섰다.

군복 입은 동지들과 그 가족들이 웅성거리고 있다. 그간의 세월이 짧지도 않았건만 단번에 알아보며 반가움의 악수를 나누는 모습들이 정겹다. 식판에 밥과 국, 반찬 두세 가지를 담아서 먹는 모습도 내 눈에는 기이하다. 그들은 마치 훈련 받던 시절을 연상하듯 하나같이 재미있어하는 표정들이다. 이번의 전국 모임은 10회째이다. 나는 처음 참석이다 보니 그저 묵묵히 진행에 따르고 있다.

"혈기가 충천하던 젊은 시절. 찬바람이 몰아치던 진해 훈련소에서 같이 울고 웃었던 지도 벌써 26년이 지났습니다."

축사를 들으니 가슴이 뭉클해진다. 이어서 지역별로 가족 소개가 있었는데 모 동기 차례가 되자 짓궂은 사회자가 말했다.

"여기 서 있는 동기 부인 되시는 분 앞으로 나오시기 바랍니다."라고 말하며 덧붙였다. "훈련소에 있을 때 애가 2살이었고, 지금은 손자가 다섯 살"이라 했다. 여기저기서 박장대소가 터져 나왔다. 마흔이 넘어 보이는 그 부인은 새색시처럼 부끄러워 고개를 들지 못하고 있었다.

식순에 따라 묵념을 하는데 바로 어제 새벽에 모 동기 아내가 운명을 달리했다는 소식을 전하며 함께 명복을 빌자고 했다. 다음은 축하 케이크 절단과 동시에 건배 제의 순서였다. '나가자! 해병대!' 하니 우렁찬 함성의 외침과 함께 박수 소리가 실내를 채웠다.

일행 모두가 캠프파이어가 준비된 마당으로 나갔다. 스치는 차가운 밤공기는 잠시이고, 타오르는 장작불의 온기에다 그보다 더 뜨거운 해병인의 동기애가 더해져 추위는 저만치 물러나 있었다. 훈련소 시절 남편과 남달리 가까이 지냈다던 인천의 한 동기가 7년 전에 아내가 먼저 가버렸다는 말에 잠시 할 말을 잃고 눈시울을 붉히기도 했다. 또 한 번 산다는 게 뭔지 싶은 허무감을 느낀 순간이었다.

이번 모임에서 특별히 기억에 남을 감동적인 스토리가 있다. 영농 후계자의 몸으로 유일하게 농사일을 하고 있다는 전북 익산에 살고 있는 분이 2kg짜리 햅쌀을 동기들에게 나누어 주었다. 그분의 따뜻한 동기애는 몇 킬로나 될까! 쌀 한 봉지를 이렇듯 소중하게 가슴에 안아 보기는 처음이었다.

또 하나 우리 모두를 웃음의 도가니로 만들었던 사건이 생각난다. 1박 2일 일정으로 진행된 다음날 아침 6시. 기상나팔 소리와 함께 운동장에 집합했다. 인근 수통골이라는 곳으로의 산행이 시작되었다. 억만금을 주고도 살 수 없는 너무도 맑은 아침 공기에 감탄을 하며 걷고 있는데 느닷없이 무밭으로 뛰어든 못 말리는 동기가 있었다. 무를 한 개 뽑아 깨물어 먹다 앞니가 빠지고 말았다. 부모님이 물려주신 이가 아니라는 것을 알았을 땐 손바닥에 빠진 이 하나 얹은 채 영구처럼 웃어 보일 때였다. 본인이 더 재밌어 하니 그 광경을 지켜본 사람들이야 두말할 필요도 없다. 디카에 담은 그 모습을 홈페이지에 올리겠다고 하니 한바탕 웃는다. 기념 촬영을 끝으로 갈 길이 바쁜 동기들이 속속 차에 시동을 걸고 남편도 누군가에게 각별히 인사를 하더니 가자고 했다.

살아오면서 습관적으로 욕설 잘하고, 한 고집 한다며 불만도 많았는데 동기 아내들과 대화를 나누다 보니 비단 나만 그러고 사는 게 아니다 싶어 앞으론 마음을 비우기로 했다. 그것도 다 해병대 훈련소에서 군 업무상 배울 수밖에 없었던 한 가지 과제(?)였노라고 믿기로 했다.

이번에 해병대 팔각모의 특별한 의미를 알게 되었다. 그것은 바로 '국가에 충성하라 / 부모에게 효도하라 / 뜻 없이 죽이지 마라 / 전투에서 후퇴하지 마라 / 벗에게 믿음으로 대하라 / 욕심을 버려라 / 유흥을 삼가라 / 허식을 버려라'였다.

남편을 따라갔던 모임에서 '한 번 해병이면 영원한 해병'이라는 구호를 가슴에 새기며 돌아오는 길이다. 늦가을 밤 찬바람도 후끈하게 데워지는 날이었다.

오월, 그리고 선생님

올해도 어김없이 오월이 왔다. 그리고 보름 후면 스승의 날이다. 해마다 오월이면 찾아뵙고 싶은 은사님이 계신다. 정년퇴임 이후 한 번도 뵙지 못했다. 작년 스승의 날에도 전화로 대신하며 "선생님! 내년엔 꼭 찾아뵙겠습니다."라고만 했다. 그 내년이 며칠 후로 다가왔다. 그런데 하필이면 이 오월에 나는 칠 년 넘게 몸담아 온 직장에서 한 달 병가를 내게 되었다. 어깨가 많이 안 좋아 잠시 휴식을 취하며 치료를 하기로 결정을 한 것이다. 스승의 날 하루 전, 마침 직장에서 쉬는 날을 맞은 아들에게 대리운전을 부탁했다. 성주가 뭐 그리 장거리도 아니지만 아픈 어깨로 자신이 없었다. 평소 살갑지 않은 아들이 군말 없이 운전을 대신

해 준 것을 생각하면 고마운 마음이 든다.

친절한 길 안내 덕분에 선생님 댁에 수월하게 도착할 수 있었다. 하루 전에 전화를 드리고 오길 잘했다는 생각이 들었던 건 요즘 근황을 듣고 나서였다. 여전히 교육에 대한 열정은 식지 않으시고 일흔을 넘긴 지금도 외국어 공부를 하고 등산도 하는 모습을 볼 때, 공부는커녕 건강관리 하나 제대로 못하는 제자는 그저 부끄러울 뿐이다.

아늑히 자리잡은 전원주택, 옆집은 대구서도 이웃이었단다. 사모님의 정성으로 거실엔 다육이가 유치원생 소풍 가듯 줄 서 있고 마당엔 각종 화초들이 인사하듯 반겨 주었다. 백 미터쯤 떨어진 텃밭에는 고구마, 마늘, 고추 등 다양한 야채들이 농촌 식탁을 책임지고 있었다. 이런 풍경들은 예나 지금이나 내 로망이기도 하다. 밭 가장자리에 컨테이너가 있고 그곳에서 색소폰을 연습 중이라고 하신다. “여기가 내 놀이터”라고 하시며 환하게 웃으시는 선생님의 옆모습을 훔쳐본다. 사십 년 전 총각 선생님으로 부임하여 인재 양성에 청춘을 불태웠고, 흰머리가 희끗한 지금도 하면 된다는 진리를 심어 주고 계시는 선생님이다. 지금도 그 자신감으로 힘든 고비를 잘 이겨 내고 있다며 색소폰을 꺼낸다. 연주를 들으니 내 아픈 어깨가 다 나은 듯 가볍다.

제자의 슬픈 눈빛이며, 축 처진 어깨를 보고 그냥 지나치지 못하시는 세상의 모든 선생님들을 생각한다. 그분들이 계시기에 열악한 환경의 제자들도 용기를 잃지 않고 앞날을 개척해 나가지 않나 싶다. 한결같이 버팀목이 되어 주시고 이제는 할머니가 된 제자가 무탈한 삶을 살고 있는지 먼발치에서 무언의 격려를 하고 계시는 선생님. 지금은 수확철이 아니라 줄 게 없다며 이다음 고구마 캘 때 오라고 하신다.

집으로 오는 길에 동구 밖까지 배웅 나오신 두 분, 선생님께서 아들에게 봉투를 건네시며 "학교 다닐 때 책 한 권 못 사 줘서" 하신다. 언어로는 표현하기 힘든 감동으로 선생님 앞에서 눈물을 보이고 말았다. 일흔이 넘은 선생님이 쉰이 넘은 초등학교 제자에게 할아버지가 손자에게 용돈 주시듯 주시는 것은 앞으로도 좋은 책 많이 읽고 좋은 글 많이 쓰라는 채찍이리라. 두 돌배기 손자를 둔 할머니가 된 지금도 난 여전히 선생님의 열세 살 제자의 자리에서 귀한 가르침을 받고 있다. 이제 그분의 삶까지 닮고지 오랜만에 시켬으로 들이셨디.

늦가을이 내린다

갈라지는 바람과 함께 가을이 내린다. 가을, 그것도 늦가을은 왠지 '내린다'는 말이 어울릴 것 같다. 낙엽이 떨어져 내리고, 과일을 따 내린다. 그리고 쌀쌀함을 동반한 가을비가 추적추적 내린다. 우리 집에서는 어제 기계로 벼를 훑어 내렸다. 갈라지는 듯한 바람을 맞으며 도로 가장자리를 차지하고 드러누웠다. 차가 지나가고 자전거가 밟아도 그저 주인 손길만 기다리며 갈바람에 몸을 말리고 있다. 수확의 기쁨과 함께 뭔지 모를 뿌듯함이 인다.

가을엔 또 내리는 게 있다. 제철에 나는 채소와 과일값이 내렸다. 배추와 사과값이 뚝 떨어지고 보니 식탁의 김치 그릇이 왠지 푸짐해 보인다. 한 해의 막이 서서히 내리고 있는 때이기도 하다. 한 해의 끄트머리에 서게 되면 모두들 숙연한 자세로 나름대로의 뒷그림자를 밟아 보게 된다. 마음의 때를 씻어 내지 못하는 사람은 십이월이 두렵기까지 할 것이다. 아무리 물질이 인간을 생사 기로에 서게 한다지만 옷 벗으면 똑같은 몸, 한 줌 흙이 되어 한 평도 안 되는 자리에 똑같이 눕게 될 부질없는 인생인 것을, 무에 그리 모자라서 아등바등 챙기는지.

해거름녘에 산허리를 걸치는 오색 무지개 같은 곱고 아름다운 마음을 가진 이웃들이 늘었으면 하는 바람이다. 늦가을을 촉촉이 적시며 서리가 내린다. 된서리를 맞은 밭작물은 어깨가 축 처지고 때를 만난 과일들은 다투어 제 빛깔과 맛을 자랑한다. 이렇듯 말 못하는 오곡백과도 시를 알고 때를 알아 제 할 일을 다하고 있는데, 하물며 만물의 영장이라는 인간 세상에 시도 때도 없이 검은돈을 긁어모으는 일들이 버젓이 고개를 들고 있으니 자라는 새싹들 앞에 부끄러울 뿐이다. 대체 돈이 무엇이길래. 호흡 한 번 가다듬고 다시 벼를 말린다.

하늘을 올려다본다. 제발 비가 내리지 않아야 된다는 생각뿐이다. 이 순간만큼은 돈도 필요치 않다. 하늘이 하는 일을 어찌 금전으로 해결하겠는가! 또 하나 꼭 내려야 하는 것은 죄를 지은 사람에겐 반드시 벌을 내려야 한다는 것이다.

스스로에게 단정을 짓고 보니 이제야 머리가 조금 맑아 온다. 갈라지는 듯한 바람도 서서히 잦아든다. 늦가을이 한가롭게 내리는 오후이다.

5

내 이름은 장 선생

어르신 댁에서의 내 이름은 장 선생이다.
운동 길에 보도블록이나 오르막, 내리막이 앞을 가로막을 땐
어김없이 장 선생이 보디가드로 나선다.

인생은 시험

'우문현답'이란 말이 생각난다. 어리석은 질문에도 답은 현명하게 한다는 뜻이다. 또 '진리는 평범한 데 있다'는 말도 있다. 복잡한 내용의 질문일지라도 정곡을 찌르는 한마디 말이 진리처럼 더할 수 없는 정답이면 좋겠다. 일상에서 느끼게 되는 온갖 의문들에도 '쾌도난마'와 같은 그런 대답을 할 수는 없을 것인가.

하루는 대학교 입시를 앞두고 공부에 시달리고 있는 고3짜리 딸아이로부터 기막힌 답변을 들었다. "시험은 동생이다"라고 하기에 왜냐고 했더니 "싫어도 봐야 되고 좋아도 봐야 되니까"라 한다. 자기의 입장을 간명하게 표현한 진리라는 생각이 든다.

회사 화장실을 소재로 한 이야기다. 작은 볼일이 급해 화장실에 갔더니 상사님 한 분이 손을 씻고 있더란다. 마침 비어 있는 자리에 들어갔더니 방금 큰 볼일 본 뒤 풍기는 특유의 지독한 냄새가 코를 찌르더란다. 참지 못하는 성격의 여사원이 "무슨 냄새가 이렇게 지독하냐?"고 내뱉었더니, 손을 씻던 남자가 "똥이니까." 하더란다. 이 이상의 명답이 있을까. 어렵게 생각하면 맞힐 수 없는 문제이지만 쉬운 데서 발견한 정답이라는 생각에 여사원은 볼일을 보면서 웃음을 참았다 한다. 정답을 찾기 위해 몸부림치는 사람이 많은 세상에 쉽게 답을 찾아낼 수 있는 지혜나 현명함이 돋보인다.

딸애의 중간고사 마지막 날로 기억된다. 새벽까지 책과 싸움을 하다가 창밖의 오토바이 소리에 눈을 돌려 따라가 보니 열심히 새벽을 열고 있는 신문 배달원의 모습이 비치더란다. 자신도 모르게 카메라 폰에 담았다며 보여준다. 오토바이 뒷자리에 실린 노란 바구니가 희미하게 보인다. 그분에겐 삶의 바구니가 딸애의 눈에 비친 정답이었다. "참 열심히 사는 사람들도 많은 것 같애. 엄마! 너무 걱정하지 마세요. 원하는 대학엔 못 가게 되더라도 실망하지 마세요. 그리고 어느 대학을 가든 나름대로 열심히 최선을 다하겠습니다.” 딸애의 말 한마디에 가슴이 편안해졌다.

마침 방학을 맞은 딸애와 금오산에 올랐다. 앞서거니 뒤서거니 오르막 굽잇길을 돌아 목적지도 아닌데 동시에 발걸음을 멈춘다. 딸애가 이번엔 시내 야경을 카메라에 담는다. 그 모습을 물끄러미 바라보노라니 오랜만에 얻는 여유로움이 다가선다. 시난날들이 되돌아보인다.

고속도로를 달리는 자동차 바퀴 같은 세월 속에 내가 사랑했던 동기들은 아련히 멀어지고 없는가 하면, 날 사랑해 주었던 임들에겐 실망만 안겨 준 날들이 많았다. 덧없이 살아온 지난날들이 아쉽다. 이 어지러운 세상에 방황하지 않고 제자리를 지키는 자식이 옆에 있다는 것만으로도 만족한다. 어딘가에 숨어 있던 산바람이 내 머릿속에 들어앉는다.

내려오는 길에 딸애의 콧등에 송송 맺힌 땀방울을 훔치며 물었다. “얘야, 왜 이렇게 더운지 아니?” 엄마는 별걸 다 묻는다는 표정으로 쳐다본다. 궁금해 하지도 않는 딸에게 답을 말한다. “여름이니까 덥지.” 대답 대신 어깨를 들썩인다. 썰렁하다는 뜻이다.

딸아이의 손을 잡고 어두워진 산을 내려온다. 대학 수시 모집에 보기 좋게 떨어졌다고 당당하게 말하는 딸애가 보기 좋다. 비단 학창 시절뿐 아니라, 살아가면서 부딪히는 삶의 구석구석 산재해 있는 고난도의 시험 문제를 풀어야 하는 게 우리네 고달픈 인생살이다. 가능하면 쉬운 문제만 풀면서 살기를 바라면 안 될 일이다. 그러니 요즘같이 복잡한 세상에 단순하게 생각하고 행동하는 게 맘이 편해 좋다.

평범한 일상에 문득 다가오는 시험 문제에 진리와 같은 대답을 생각해 본다. 아침마다 돋는 별을 마주 대하지만 그 소중함을 못 느끼는 우둔함에서 벗어나 늘 접하는 생활에서 고귀한 진리를 발견하고 싶다. 6월의 햇살은 참으로 귀하고 반갑다. '왜?'라는 질문에는 지루한 먹구름 속을 헤치고 반짝 고개를 내미는 햇살이기 때문이라 대답하겠다. 장마 속에도 간간이 비치는 반가운 햇살처럼 한 줄기 나만의 빛을 잡으려 열심히 전진하다 보면 노력한 만큼의 대가는 반드시 주어지는 것이 세상임을 알기 때문이다. 오늘 인생 시험을 멋지게 통과하였다.

친구의 농장

주말농장을 가진 친구가 있다. 이 친구는 휴식 시간 간식으로 고구마를 자주 삶아 오곤 한다. 농장이 있다는 것은 들어서 알고 있었지만 규모가 어느 정도인지 어디쯤 있는지 궁금했다.

연일 장맛비가 오락가락하던 어느 날이다. 평소 가까이 지내는 친구 몇 명이 모여 이 친구의 농장에 가기로 했다. 농장 앞에 모인 일행 중 한 친구는 일바지를 입고 나타나 한바탕 웃음보가 터졌다. 그리고는 동시에 '참 좋은 생각이다'며 고개를 끄덕인다.

우리의 첫 농장 방문에 날씨도 한몫했다. 오락가락 가랑비에 옷 젖는 줄 모르고 고구마 줄기를 꺾고 있자니 어느새 비도 그치고 잠시 허리도 폈다. 인증 샷을 해야 한다며 손에 손에 고구마 줄기랑 옥수수를 들고 온갖 폼을 다 잡았다. 처음 보는 고구마꽃도 머리에 꽂고 귀에도 꽂으며 마주보고 하얀 웃음을 웃는다. 고구마꽃은 수줍은 색시처럼 다소곳이 고개 숙인 모습으로 나팔꽃을 많이 닮아 있었다.

농장의 규모는 우리가 생각했던 것보다 훨씬 크고 말끔하게 정돈되어 있었다. 곳곳에서 주인의 부지런함을 읽을 수 있었다. 하지만 맞벌이하는 친구 부부가 관리하기에는 벅찬 부분이 있어 절반 가까이 뚝 떼어 농장 인근 주민에게 대여했다는 것이다. 과한 욕심을 부려 잡초투성이로 남겨 놓기보다는 참으로 현명한 판단을 한 것 같다.

수돗물이 필요한 밭 이웃에게는 물을 사용할 수 있게 하고 그 도움을 받은 분은 고마움의 대가로 농장에서 수확한 과일을 나눠 준다고 했다. 농장을 오가며 단순히 작물 소득만 보는 게 아니라 아직도 살아 있는 농촌 인심도 덤으로 얻는다는 걸 알 수 있었다. 상부상조의 미덕을 실천하는 친구 부부를 보니 멋진 인생을 살고 있구나 싶은 생각에 마음이 따뜻해졌다.

농장에는 고구마와 옥수수 외에도 고추, 가지, 부추, 호박 등이 가지런히 심겨 있었다. 힘들겠지만 수확의 재미도 쏠쏠하겠거니 싶다. 오늘 내린 비로 반짝반짝 보랏빛 나는 가지 하나를 주인 허락도 없이 날름 따서는 주저 없이 입으로 가져간다. 알싸한 그 맛은 예나 지금이나 변함이 없는데 생가지를 밭에서 직접 따서 먹어 본 기억이 언제인지 가물가물하다. 눈을 옆으로 돌리니 호박잎이 바람에 웃고 있다. 호박잎을 보고 그냥 지나칠 수 없다. 호박잎으로 전을 부쳐 먹으면 맛있다는 생각에 손이 앞서 따고 있다. 생가지 먹던 그 시절 엄마가 호박잎을 쪄서 된장찌개랑 먹는 것으로만 알다가 최근에 전을 부쳐 먹는 맛에 푹 빠지게 되었다.

직장에서 퇴직하게 되면 마당 있는 집에 살고 싶다. 그건 늘 꿔왔던 꿈이었다. 그 꿈이 이루어진다면 텃밭을 만들고 꽃나무를 심고 아들이 오매불망 그리는 강아지 한 마리를 대문 앞에 매 두고 싶다. 친구의 농장처럼 넓어도 부담스럽고 그저 심심하지 않을 만큼의 소일거리를 소박하게 가꾸면서 주말에 가끔 들러 줄 손자들을 건강한 웃음으로 맞이할 수 있다면 더 바랄 게 없다.

내 노후에 그런 날이 오려나. 그때가 되면 친구들을 자주 만나게 되겠지. 일부러 굽히지 않아도 허리가 구부러져 버리면 어떡하지. 힘들어 친구의 농장에 못 가고 내 작은 꿈 마당에서 풋고추를 따고 있으려나.

습관처럼 휴대폰을 집어 든다. 이번 주말엔 다들 일정이 어떻게 되는지 물어 봐야겠다. 시간이 허락하는 친구들 몇 명 모이게 되면 가까운 금오산이나 가자고 해야겠다. 친구의 농장에서 얻어 온 옥수수를 삶고, 호박잎으로 맛난 전도 부쳐서.

내 친구 미나

고향 친구들의 모임이 있는 날이다. 대구, 김천, 구미 지역에서만 모임을 가진 지 10년이 되었다. 이번 모임에는 서울, 울산 친구도 눈에 띄어 반가움을 더했다. 오늘은 구미 금오산 보따리라는 별명을 가진 친구네 가게가 오늘 모임의 장소였다. 친구들을 위해 비빔밥을 준비한 보따리는 여전히 선머슴 같았다. 불현듯 보따리를 흑백필름 속으로 살짝 밀어넣어 본다.

책가방을 집어던지고 나물바구니 서로 먼저 채우느라 바빴던, 코흘리개 계집애들이 어느덧 불혹의 나이를 훌쩍 넘어버렸다. 친구들의 얼굴을 보고 있자니 그 시절 추억들이 떠오르며 메마른 가슴을 촉촉이 적신다.

오늘따라 날씨는 마치 여름과 가을이 숨바꼭질하는 것 같았다. 여름 햇살이 한쪽 어깨 위로 웃고 지나가면 다른 쪽 어깨에 선선한 기운이 다가온다. 열 명이 넘는 친구 중 유일하게 대학을 졸업한 친구가 있다. 이름도 이쁜 '미나'는 별명도 없다. 이 친구는 서른이 되어서야 늦은 결혼을 했다. 결혼 후 미나와는 오늘 처음 만났는데 대화 중 자신이 후회하는 게 있다면 결혼을 늦게 한 것이라고 했다. 그 말을 듣는 순간 세월이 이렇듯 사람의 마음도 움직이게 하는구나 싶었다. 나는 이 친구만 보면 생각나는 일이 있어 혼자 피식 웃는다.

초등학교 5, 6학년 때였던가? 친구들과 미나네 집에 놀러 간 적이 있었다. 그때는 항상 먹을 것에 목말라했던 시절이었다. 다른 친구들도 어땠는지 모르지만 나는 미나 집에 가면 뭔가를 얻어먹을 수 있으리라는 생각을 했다. 하지만 사과 한 상자를 눈앞에 보고도 먹고 싶단 말 한마디 못했다. 미나는 혼자 자란 탓인지 나눠 먹는 것에 인색했다. 우리는 결국 삐쳐서 밖으로 나와서 미나만 빼고 놀았다. 다음날인가 미나 엄마가 우리들에게 오셔서 화해를 요청했다. 우리는 못 이기는 척 미나 어머니가 주시는 사과를 맛있게 먹으면서 다시 미나와 어울려 놀았다.

요즘은 딸도 아들도 외동이 당연한 시대가 되었다. 나는 형편이 허락한다면 아들 둘, 딸 둘쯤 두고 싶다. 상상만으로도 부자가 된 기분이다. 오늘 이렇게 '반갑다 친구야'를 외치며 따스한 두 손을 마주잡고 십여 년간 끊어졌던 세월의 끈을 다시 잇고 있다. 굳이 말을 하지 않아도 얼굴만 보고 있어도 저마다의 어린 시절이 선명하게 때로는 희미하게 그려진다.

분재를 가꾸며

여름 향기가 베란다 문틈으로 파고드는 날, 분재 하나를 장만했다. 베란다 가장자리에 두고 행복한 표정으로 바라본다. 어쩌다 남의 집을 방문했을 때, 내가 가장 부러워하는 것은 첫째가 거실에 가득한 책이고 다음은 집 안에 오목조목한 화초들이다. 그저 바라만 보고 있어도 기분 좋다. 정작 내 집에는 바쁘다는 핑계로 몇 안 되는 화초들을 시들게 했고, 결국은 죽어 가는 것들을 안타깝게 바라봐야 했으니 더 그렇다.

'소사' 분재를 큰맘 먹고 장만했다. 나무를 사면서 들은 얘기인즉, '재수가 좋은 나무'라는 것이었다. 유월 초에 샀는데 칠월

말쯤 유난히 긴 장마 끝 어느 날 무성하던 푸른 잎이 쭈글쭈글해지면서 빛이 바래져 가고 있었다. 아마도 과습이 원인이 아닌가 싶었다. 가슴이 쿵 하고 내려앉는 느낌이다. 세심한 성격의 아들이 자세히 들여다보더니 잎사귀에 아주 작은 벌레들이 붙어 있다고 했다. 그 말을 듣고 확인해 보니 사실이었다.

당장 꽃집에 가서 스프레이로 된 진딧물 약을 사 왔다. 가뜩이나 바쁜 일상에 일거리가 한 가지 더 늘고 말았다. 끼니때마다 나무를 들여다본다. 며칠이 지나도 차도가 보이지 않았다. 안 되겠다 싶어 옥상으로 들고 올라갔다. 온종일 볕이 잘 들고 물도 잘 빠지는 곳에 자리를 잡았다. 혼자 밤에 무섭고 외로울까 봐 이웃에서 얻은 수선화를 나란히 놓았다. 수선화를 처음 들여오는 날, 짓궂은 아들 녀석이 '쪽파'라고 놀렸다. 정서가 메마른 애들을 위해서라도 바지런히 꽃나무를 집 안으로 들여놓아야겠다. 베란다 정원을 만드는 것이 나의 작은 바람이다.

며칠이 지나고 제법 많은 양의 비가 내리던 날. 물이 너무 많아도 뿌리가 썩을까 걱정이 되어 또 옥상에 올라갔다. 그런데 이게 웬일인가! 다시 살아나기가 희박할 것이라 생각했던 나무에 파랗게 새순이 돋아나고 있었다. 아아! 나도 모르게 탄성을 질렀다. 이 소박한 행복감, 언젠가 뜨거운 물을 실수로 몇 모금 먹였다가 얼마나 놀랐는지 모른다. 지금 다시 깨어나 준 '소사'를 보니 정말 고맙고 대견하기까지 하다. 자연이 주는 영양분을 편식하지 않고 골고루 받아먹다 보니 건강을 되찾을 수 있지 않았나 싶다.

아침, 저녁 틈틈이 옥상에 오르는 마음가짐도 달라졌다. 처음엔 안타까운 심정이었다가 의식을 회복한 후로는 발걸음도 가볍게 콧노래까지 부르며 계단을 오르내렸다. 같은 거리라도 마음먹기에 따라서 이렇게 달라질 수도 있구나 싶었다. 가지마다 물이 오른 소사를 보며 이런 생각을 해 본다. '나무의 뿌리는 사람의 다리와 같지 않을까?' 뿌리가 튼튼해야 나무의 수명이 오래 갈 수 있고, 사람의 다리 역시 튼튼해야 온몸을 지탱할 수 있기 때문이다. 또한 나무의 줄기와 잎은 사람의 팔에 비유해 본다. 줄기와 잎이 무성하게 살아 있어야 아름다운 꽃과 열매를 피워 낼 수 있을 것이다. 사람의 팔이 하는 일은 두말하면 잔소리다. 무성한 잎은 요즘 같은 더위에 지친 사람들에게 그늘을 만들어 주고, 아름다운 꽃과 탐스런 열매는 스트레스가 쌓인 사람들에게 즐거운 웃음을 선사하고, 때론 팍팍한 인생살이에 신선한 충격과 의욕을 심어 준다. 자연의 조화야말로 신비함 그 자체라 해도 과언이 아니다.

한 달에 한 번씩 주머니에 여유가 있을 때마다 화초를 하나씩 늘려 보겠다고 생각은 하지만 막상 실행에 옮기는 것은 쉽지 않을 것임을 안다. 어렵더라도 몇 달에 하나씩만 내 것이 된다면 그래도 다행이리라. 소사나무의 잎이 처음 내 집에 이사 오던 날처럼 무성해질 때쯤이면, 또 하나의 이름 모를 화분 하나가 내 손에 들려져 베란다 한자리를 빛내게 될 것이다.

달콤한 늦잠

비몽사몽간에 눈을 번쩍 떴다. 눈앞에 정면으로 보이는 TV 화면을 보고 정신을 차렸다. 출근 준비를 끝내고 현관문을 나서는 시간이었다. 늦잠으로 이렇듯 난감한 경험은 입사 이래 처음이다. 내가 깨우지 않으면 일어나지 않는 아들 녀석의 등교 시각은 더 임박했다. 부리나케 깨워서 고양이 세수만 하라고 했는데 그 와중에 머리까지 감고 있다. 밥 먹는 것만 빼고 할 건 다 했다는 아들의 손목을 잡고 뛰어나갔다.

항상 대기하고 있던 장소에 택시가 없었다. 대신 교복 차림의 학생들과 샐러리맨들만 간간이 눈에 띈다. 오늘따라 왜 택시가 없는지 알지 못한 채 도로와 시계만 번갈아 바라보기를 반복했다. 택시를 못 잡아 안절부절못하고 있는데 아들이 콜택시를 부르자고 했다. 미처 거기까지 생각 못했다가 바로 휴대폰을 눌렀다. 마침 빈 차로 스쳐 지나가던 택시 꽁무니를 보고 콜 번호를 눌렀던 것이다. 가까스로 차에 오르기 바쁘게 조금 전 왜 그냥 지

나쳤는지 물었다. 기사는 근처에 있는 자기 집으로 가는 길이었다고 했다. 돈의 위력을 절감하고, 삶에 편리함을 추구하기 위하여 동동거리며 나는 오늘도 아침을 시작하고 있다.

늦잠과는 무관하게 아침 운동을 열심히 하는 친구가 있다. 잠자리에 드는 시간은 나와 같은데 아침 일찍 일어나 운동하는 친구가 부럽다. 내가 아직 이불 속에 있을 때 친구는 새벽을 열고 산뜻한 공기를 호흡하고 있다는 생각을 하니 정신이 번쩍 든다. 그럼에도 다음날 난 알람을 듣고서야 일어난다. 난 왜 이렇게 잠이 많은지 모르겠다. 정신력의 부족 탓일까!

"시간은 누구에게나 똑같이 주어진다. 성공으로 올라가는 엘리베이터는 없고, 걸어 올라갈 계단이 있을 뿐이다."라는 말이 있다. 누구에게나 일 분, 일 초가 쌓여 하루가 되고 한 달이 된다. 똑같이 주어지는 이 소중한 시간을 한 계단, 두 계단 땀 흘려 오를 수 있어야 고지에서 맞는 기쁨도 그만큼 배가 되리라. 내일 아침부터는 친구와 같은 시간에 일어나야겠다고 다짐한다.

초보 운전

십 년이 훌쩍 넘도록 장롱 속에 잠자고 있던 운전면허증을 꺼냈다. 당시 면허 시험 볼 때는 남편 친구가 약을 올리는 바람에 오기로 시작했지만 결국 면허증을 손에 쥐게 되었다. 지금 생각하니 그때 약발 받기를 잘한 것 같다.

언제부터인가 운전도 힘들이지 않고 편하게 할 수 있는 차량으로 바뀌고 있다. 지금 내가 몰고 다니는 차는 남편이 소지하고 있던 것이라 기어 변속을 해야 되는 차종이다. 처음엔 남편 차가 주차장에 있는 것이 보이면 나는 눈에 잘 띄지 않는 곳에 주차해 놓곤 했었다. 초보 운전 딱지를 붙이고 핸들을 잡다 보니 남편이 곁에서 보살펴 주는 것 같았다. 살짝 위기를 모면했을 땐 남편의 도움으로 무사했을 거란 느낌도 들었다.

운전을 배울 때 운전 강사인 친구가 옆자리에 앉아 잔소리하는 것이 듣기 싫어 나도 모르게 화를 냈었다. 지금 혼자서 몰고 나가 보니 야무지게 코치해 준 친구가 고맙기만 하다. 어느 날 시내를 나갔는데 빨리 못 달린다고 모 택시 기사님 왈 “아줌마 좀 더 연습해서 나오세요.” 하며 흘리던 묘한 웃음에도 난 아무 말도 하지 못했다. 운전 강사 친구가 “택시하고 비싼 차는 조심해라. 절대 뒤에 바짝 따라가지 말아라”고 했던 말이 와닿았다.

나는 나름대로 빨리 달리지만 대부분의 사람들이 비켜 가는 것을 보면 내 운전 속도가 점심시간 구내식당의 배식 줄처럼 느리고 답답한 모양이다. 요양 학원에서 들은 말도 생각났다. “나보다 못한 사람은 없다. 나 아닌 모든 사람들은 다 나보다 낫다고 생각하면 마음이 편안해진다”고 했다. 나보다 택시 기사 분이 훨씬 낫다는 생각, 적어도 운전만큼은 프로가 아니라는 쪽으로 생각을 바꾸고 나니 마음이 한결 편안해진다.

한번은 이런 일도 있었다. 큰맘 먹고 친정 엄마에게 갔다 왔다. 팔순 노모의 큰 걱정을 뒤로하고 집으로 오는 길에 비가 뿌렸다.

앞 유리에 맺히는 빗방울을 제거해야 되는데 미처 못 배운 부분이라 이것저것 만지다가 겨우 윈도 브러시를 작동시키는 데는 성공했다. 그런데 바로 문제가 생겼다. 비가 그치면 작동을 멈추어야 하는데 이번엔 우연이 통하지 않았다. 한참을 그대로 달리다가 차를 세웠다. 공교롭게도 이번에도 택시 기사분께 부탁하였다. 아저씨는 친절하게 나의 큰 문제를 해결해 주셨다. 고맙다는 인사를 깍듯이 하고 자신 있게 시동을 걸었다. 운전을 하면서 미처 발견 못한 자신감도 생겼다. 행동 하나하나에 자신감이 생기면서 무엇이든 잘 해낼 수 있을 것 같은 예감이 든다.

어떤 날은 차 안에 밝은 햇살을 가득 싣고 또 다른 날엔 구름과 긴박감을 싣고 달릴 때도 있다. 앞으로는 우리 가족 차에 여유를 싣고, 행복도 싣고 달릴 수 있도록 안전 운전을 해야겠다. 연약한 내게 모든 걸 맡겨 두고 무심하게 떠난 남편이 새우잠을 자지 않도록 말이다. 초보 운전자의 편안한 마음이다.

요가

평소 건강은 자신하던 내 몸에 이상 신호가 왔다. 허리가 가끔 묵직하고 한쪽 다리까지 통증이 오기 시작했다. 처음엔 그냥 직업병이려니 하고 가볍게 넘기다가 차츰 증세가 심해져 MRI 촬영을 했다. 병원 대기실에서 눈앞에 지나는 사람들의 허리만 쳐다보고 있는데 진료실에서 부른다. 연골이 닳았다는 결과가 나왔다. 수술은 하지 않아도 되고 처방으로는 운동을 하라는 것이다.

살면서 힘든 일이 있을 때마다 하늘을 올려다보거나, 산을 오르거나 했는데 하필 허리가 좋지 않아 오늘은 하늘을 눈 속에 담기로 했다. 운동을 해야 된다면 그것도 무리하지 않게……. 하늘도화지에 '운동'이라고 써 놓고 줄 바꾸어 '헬스'라고 썼다가 '무리'가 생각나서 구름으로 덮어버리고 '요가'를 써 보았다. 반복해서 요가를 한 줄 가득 써 보다가 고개를 끄덕였다. 요가 학원도 마침 퇴근길 좋은 위치에 있었다.

대부분의 사람들이 작심삼일 되기 쉬운 새해 다짐을 난 요가로 결정해 놓고 8개월이 지난 지금까지 잘 지켜 오고 있다. 요가의 Y는 길, O는 완성, A는 조사로 '자아 완성의 길'을 의미하기도 한다. 요가의 발상지는 인도다. 인도 뉴델리는 여름에 낮 기온이 최고 48도까지 올라가는 매우 더운 곳인데 운동하는 사람들 대부분이 해 뜨기 전과 해 질 녘에 공원에서 요가를 많이 한다. 요가를 꾸준히 하다 보니 호흡이 동반되면서 허리뿐 아니라 위장에도 좋다는 걸 느낄 수 있었다.

언젠가부터 뭐 하나 제대로 해냈다는 성취감을 맛보지 못하고 살았는데 앞으로는 건강을 우선으로 여기면서 내 의지로는 잘 안 되는 운동을 학원의 힘을 빌려서라도 열심히 해 볼 생각이다. 내 몸은 내가 알아서 관리를 함으로써 가족들도 더불어 행복해지지 않을까 싶어서 말이다. 운동 이후 늦은 귀가 시간에 집안일은 더 바지런해지고 텔레비전은 더 멀어지고 있다. 허리 운동의 절실함으로 시작한 요가지만 운동 후의 개운함과 뒤따르는 기분 좋은 피로감은 덤이다. 더불어 깊은 수면까지 공짜로 얻을 수 있게 되었다. 오늘도 통근 버스에서 내리는 발걸음이 어김없이 학원으로 향한다.

'나마스떼(인도어로 '안녕하세요' '수고했습니다'의 뜻)' 요가 선생님의 낭랑한 목소리가 맞아 준다.

쌍꺼풀

쌍꺼풀 수술한 지 딱 20일 만에 드디어 알아본 아들. 저녁을 먹다가 내 얼굴을 빤히 쳐다본다.

"엄마. 쌍꺼풀 수술했나?"

"그래. 빨리도 알아본다. (웃음) 이마도 살짝 땡겼는데……."

그러면서 아들 얼굴을 보니 아들도 얼굴에 뭔가 붙어 있다. 오잉! 넌 또 뭐여? 이 상황이 너무 웃겨 씹던 밥알이 튀어나올 뻔했다. 듬성듬성 붙어 있는 재생 테이프를 보며 물었다. 점을 뺐다고 한다.

아들과 단둘이 지내는데 각자 출근 시간이 다르다 보니 얼굴 보기가 쉽지 않다. 아들의 취미는 낚시다. 휴무 날이 되면 자주 낚시를 가고 아니면 캠핑을 가다 보니 집에 있는 날도 드물다. 어쩌다 집에서 쉬는 날이면 소파와 한 몸이 되어 잠을 자거나 스마트폰 삼매경에 빠진다. 그런 모습보다 차라리 밖으로 나가는 게 낫다는 생각이다.

밥도 하루 한 끼 정도 같이 먹다 보니 대화할 시간도 없지만 별 얘깃거리가 없는 것도 사실이다. 눈치 보다가 혹시라도 결혼 얘기라도 꺼내면 알아서 한다고 잘라버리니 더 이상 할 말이 없다. 딸이 열 마디를 한다면 아들은 한두 마디 할까 말까다. 아무튼 아들이 점을 뺐다니 반갑다. 얼굴에 기초화장품도 바르지 않아 잔소리했었는데…….

여자 친구가 생겼나? 아니야, 프로필에 아무 변화가 없는 거 보면 아닐 거야. 기분 좋은 상상을 하다가 고무장갑을 집어 든다. 저녁 먹은 설거지를 하며 내 눈도, 아들 얼굴도 깨끗해진 그릇처럼 예뻐지기를 기대해 본다.

살면서 고쳐야 되는 게 어디 사람 얼굴뿐이던가. 집 안의 전자제품도 그렇고 자동차도 그렇다. 오래 사용하다 보면 닦고 조이고 기름 치고 재정비를 해야 된다. 그러다가 구제 불능 상태가 되면 폐기 처분을 한다. 사람도 어느 시점까지는 같은 맥락이다. 세월 따라 변하는 건 어쩔 수 없지만 어떻게 관리하느냐에 따라 나이가 오르락내리락한다. 없던 검버섯이 생기고 눈꺼풀이 처지고 팔자 주름이 깊게 자리잡으면 거울 보기가 싫어진다. 요즘엔 남녀 불문 많은 사람들이 피부과나 성형외과를 찾는다. 예전에는 나이 들어 얼굴이 늙어 가도 굳이 손을 대지 않고 자연스런 모습들이 많았다.

최근에 지인이 의술의 힘을 빌려 자신만만하게 얼굴의 여러 부분을 고쳤다고 어필하는데 자세히 보니 부자연스러운 부분도 보였다. 화끈한 성격대로 얼굴도 시원하게 성형을 했다. 무엇보다 본인이 만족해 하며 친구들에게도 적극 권하는 모습이 한 살 차이임에도 세대 차이를 느낄 만큼 앞서 있다. 언젠가부터 그냥 얼굴만 보고는 나이를 가늠하기 어려운 시대에 살고 있다. 가령 50쯤 보인다 해도 실제는 더 적은 사람도 있고 관리하여 동안도 있다. 타고난 동안도 있겠지만 알고 보면 병원을 들락날락하는 이들도 많다고 들었다. 요즘 한창 핫한 모 가수는 얼굴 성형에 1

억이 들었다고 자진 고백을 해서 화제다. 솔직한 모습이 오히려 보기 좋았다. 성형 전과 후가 확연히 달라져서 성공한 케이스다.

그 흔한 눈썹 문신만 하고도 가족들 눈치를 보고 신경 쓰던 때가 있었었다. 몇 십 년 전이지만 이웃과 함께 문신을 하고 집에 들어갔는데 그 친구는 지극히 바른 생활인 남편에게 쫓겨날 뻔했다고 해서 박장대소를 했다. 그보다 더 웃긴 건 나는 미리 겁을 먹었는데 오히려 한참 동안이나 가족이 아예 알아보지도 못해서 지금까지 웃픈 에피소드로 남아 있다.

쌍꺼풀 수술하러 성형외과를 방문하여 상담을 하고 드디어 개봉 박두. 내친김에 이마까지 아스팔트처럼 매끈하게 포장을 했다. 다음날인가. 경과를 보러 또 갔다. 마침 상담하러 온 여성 두 분이 엄청 겁을 먹고 있다고 한다. 나더러 경험자로서 조언을 좀 해 줄 수 없냐고 간호사가 조심스레 묻는다. 난 피식 웃으며 별걸 다해 본다는 생각을 하며 좋다고 했다. 여성분이 회복실에 들어와서 수줍은 인사를 한다. 결론은 편안한 마음으로 원장님께 모든 걸 맡기면 알아서 예쁘게 해 준다며 안심을 시켰다. 마치

SNS에 리뷰 작성하듯이 '좋아요'로 마무리해 주고 부은 얼굴을 거울에 비춰 본다.

얼굴이 예뻐지는 것도 좋지만 매끈해진 이마처럼 마음도 모나지 않게 반듯하게, 예쁘게 가꿔야겠다는 생각을 하며 병원 문을 나선다. 아직 결정을 못한 두 여성분의 망설이는 목소리가 등 뒤를 따라온다.

내 이름은 장 선생

서산마루 해가 지고, 또 어떤 날은 달이 뜨도록 일에만 매달려 지내던 20여 년 직장생활을 드디어 마감했다. 퇴직하고 9개월 실업 급여 기간 동안 나는 여러 가지 일을 했다. 그중 으뜸은 30년 장롱면허 탈출이었고, 그다음은 제3의 직장 재가 요양 일을 시작한 것이다. 하루 3시간의 일이다. 지금은 대상자와의 계약에 따라 오전 9시부터 12시까지 근무한다.

어르신은 다리가 불편하여 보조 보행기에 의지하여 매일같이 걷기 운동을 한다. 허리도 불편하기 때문에 출근하여 정해진 순서에 따라 운동 준비를 해야 한다. 먼저 침대 끝에 앉아 있는 어르신의 양말을 신겨 드리고, 옷 입을 때도 동작이 불편한 부분을 케어해 드린다.

어르신의 운동 준비가 끝나면 현관 밖에서 기다리는 또 하나의 실외용 보조 보행기와 마주한다. 모든 준비가 완료되면 계단 말고 엘리베이터를 부른다. 라디오에선 벌써 신나는 음악이 흘러나오고 상큼한 오월의 햇살이 반겨 주는 산책길로 접어든다.

그러면서 나는 머릿속으로 하늘나라에 가신 엄마를 생각한다. 여든다섯에 뇌졸중으로 쓰러졌을 때 2년 넘게 보살펴 드리긴 했지만 그렇게 살갑게 대하진 못했다. 듣도 보도 못한 어르신을 살갑게 대할 수 있음은 마음 한편에 엄마 생각이 자리잡고 있어서 그럴 것이다. 내 나이 예순을 넘겼지만 아직도 일을 손에서 놓지 않고 있는 데에는 나름 이유가 있고, 또 다른 의미가 있다.

2월 중순 첫 출근 하면서부터 나는 또 다른 이름을 얻었다. 요양보호사를 부르는 호칭은 선생님이라 하고 대상자는 어르신이라 부른다. 어르신 댁에서의 내 이름은 장 선생이다. 운동 길에 보도블록이나 오르막, 내리막이 앞을 가로막을 땐 어김없이 장 선생이 보디가드로 나선다. 그런데 인도이긴 하지만 길 한가운

데 떡하니 버티고 선 킥보드 때문에 불편할 때가 있다. 보조 보행기에 방해가 되기 때문이다. 건강한 사람들도 불편하긴 마찬가지다. 개선되었으면 좋겠다.

어르신과 운동할 때 좋은 길로 접어들면 나는 저만치 앞서간다. 가면서 보조 보행기 바퀴에 걸릴 만한 나뭇가지나 돌부리 등을 치운다. 어르신은 누가 운동하는지 모르겠다며 마스크 속 눈웃음을 보낸다. 내가 복이 많아서 어르신 내외분을 만났으니 복이 다른 곳으로 빠져나가지 못하도록 안으로 감싸안을 일이다.

조금은 힘들고 불편할 수도 있는 요양 일이어서 사람마다 느끼는 감정이 다르고 생각 차이도 있을 수밖에 없다. 나는 내 부모라는 생각을 바탕에 깔고 거기에다 봉사 정신을 보태려고 한다.

그동안은 오랜 직장 생활로 심신이 지쳐 있었는데 지금은 오전만 일을 하니 스스로 행복감을 느끼고 있다. 어르신에게도 얼굴빛이 좋아졌다는 말씀을 드리면 모두 장 선생 덕분이라며 나에게 공을 돌리신다. 고맙고 감사한 일이다. 어르신께서 생을 마감할 때까지 함께하고 싶다는 말씀을 할 때는 큰 보람을 느낀다.

어르신을 케어하면서 이웃 최고령 할머니도 운동 친구로 가끔 만나게 된다. 어르신들의 공통점은 등에는 햇살이 비치는데 얼굴엔 그늘이 져 있는 걸 느낀다. 89세 할머니는 가끔 살기가 힘이 든다고 하시는데 어떻게 하면 웃게 해 드릴까 생각하다가 신나는 음악이 나올 땐 살짝 몸도 흔들고 재미난 얘기로 말벗을 해 드리기로 했다. 그러다 보니 할머니가 어느 날 전화번호를 물으신다. 아침마다 같이 운동 가려고 전화를 주시는 할머니는 인생 대선배이자 친구다.

나는 이 일을 하면서 운동을 더 열심히 한다. 내가 건강해야 어르신을 오래 케어할 수 있다. 어르신께서 달력의 빨간 숫자를 싫어하는 이유는 내가 출근을 안 하기 때문이다. 장 선생이 없는 날은 하루가 너무 길다시며 공휴일이 많은 달을 싫어한다.

어르신을 케어하면서 느끼는 보람은 나의 작은 수고로 혼자는 웃음을 잃고 사는 어르신에게 웃음을 찾아 주는 일이다. 나의 웃음이 어르신의 웃음으로 날마다 이어졌으면 좋겠다. 억지로라도 웃으면 좋다는 말이 있는데 나는 올 초부터 지금까지 그리고 앞으로도 행복한 웃음이 기다리는 직장으로 출근 도장을 찍을 것이다. 내가 행복해지는 시간이기 때문이다.

금오천이 벚꽃을 안고

집 앞 금오천 산책 길은 벚꽃 축제 전야제로 오색 불빛이 장관이다. 집 안에 매달고 있던 마음을 밖으로 끌어내기에 충분한 계절이다. 얼마 만에 보는 광경인가. 여유롭게 걷는 이들의 얼굴이 벚꽃처럼 환하다. 사람 사는 맛이 느껴지는 아름다운 풍경을 만났다. 간이 무대의 음악 소리에 금오천에 흐르는 물소리도 장단을 맞추고 있는 저녁답이다.

가족, 친구, 연인들의 정다운 모습들을 가까이에서 볼 수 있는 건 행운이다. 혼자 걸어도 외롭지 않은 이유다. 꽃이 웃어 주고 물이 어루만져 주는데 무엇이 또 필요하랴. 밤 벚꽃이 눈이 되어 내리고 그 눈을 맞으며 사랑을 속삭이는 연인들의 풋풋한 모습은 벚꽃보다 아름답다.

하지만 옥에 티가 있다고 했다. 이곳 금오천의 물빛이 맑지 않아 불만이다. 강원도 청정 지역의 계곡처럼 깨끗하진 않더라도 좀 맑았으면 좋겠다. 또 하나 아쉬운 건 주변의 잡초가 무성하다는 점이다. 잡초를 뽑아내고 예쁜 야생화로 단장하면 한층 보기 좋을 것 같다.

금오천의 야경을 담은 사진을 멀리 있는 딸에게 보낸다. 잠시 후 온 딸의 답장에는 '청계천인 줄 알았다'고 한다. 피식 웃었지만 기분은 좋다. TV 화면으로 보는 명소들을 실제로 봤을 때 실망하는 경우가 종종 있다. 실망할 때 하더라도 일단 그곳을 찾는 설렘이 우리의 심장을 들썩이게 했으니 그것으로 충분하지 않은가.

얼마 전 서울의 청계천을 직접 볼 수 있는 기회가 있었다. 일단 사람이 많았다. 화려한 불빛이 아름다웠다. 흐르는 물소리도 시선을 끌기에 충분했다. 몸은 청계천에 있으면서 머리로는 내 고향 금오천이 떠올랐다.

내가 뿌리내려 살고 있는 구미가 좋다. 폭우가 휩쓸고 간 여름 장마 피해도 없었고, 전 국민을 힘들게 했던 산불 피해도 비껴간 곳이다. 앞에는 금오산, 옆에는 낙동강이 흐르는 구미가 참 좋다. 그 구미에서 한창인 벚꽃 축제에 내일과 모레도 친구들을 불러내어 파묻혀 볼 참이다. 행복한 봄날 그 가운데에 내가 있다.

6
산책길 풍경

낼 아침에는 백로에게도,
길벗님께도 내가 먼저 반갑게 인사를 건네야겠다.
이 여름이 우리에게 후회 없이 살라고 말하는 듯하다.
혼자 먹는 밥이 참 맛있는 아침이다.

필름 없는 카메라

너도나도 관광버스에 몸을 싣는 모습이 종종 눈에 띈다. 여러 단체의 갈색 유혹을 뿌리치고 그중 한 곳을 선택하여 다녀왔던 한 조각의 기억이 떠오른다. 내 나이 열여덟 살 때 학교 친구 열다섯 명이 대둔산 등반을 했는데, 그중에서 나를 포함한 세 명만이 정상에 올랐다. 해발 876m 대둔산은 1977년 3월에 국립공원으로 지정되어 오늘까지 끊임없이 사랑받고 있는 산이다.

오래전의 기억이 떠오르면서 묶어 두었던 필름이 빠른 속도로 풀려 나오기 시작했다. 이른 점심을 먹고 일행과 산에 오르기 시작했다. 정상에서 불어오는 바람과 탑이 생각나면서 가벼운 흥

분까지 인다. 한 발 두 발 오르다 보니 옛 정취가 물씬물씬 되살아난다. 모든 것이 17년 전과 같아 보였다. 한 가지 다른 점은 어디쯤에서 낙엽이 무더기로 쌓여 있는 곳이 있어 사진도 많이 찍고 친구들의 웃음소리와 함께 낙엽 밭에서 뒹굴던 자리가 이번엔 보이지 않았다. 낙엽이 우수수 떨어지는 늦가을이 아니어서 그랬으리라.

기억이 생생한 것은 구름다리를 건너면서 눈에 들어왔던 감동적인 장면이다. 팔순은 되어 보이는 할머니를 아저씨가 모시고 열심히 오르고 있는 풍경과 마주했다. 누군가 뒤따라 오르는 네 분 모두 할머니 손자라는 말을 한다. 아마도 산을 오르다가 할머니가 힘들어하면 손자들이 교대로 업고 오르기로 의논이 되었을 것으로 짐작된다. 가슴이 뭉클해진다. 효라는 개념이 매우 다양하기는 하지만 오늘을 사는 신세대들의 눈에 할머니의 모습은 과연 어떻게 비쳐질까 궁금해진다. 많은 것을 느끼면서 어느새 정상에 올랐다.

여기저기서 야호 소리가 메아리친다. 한껏 성취감을 만끽하며 정상 모습을 카메라에 담았다. 동행했던 일행들 중 낯선 사람이 더 많다 보니 사진 찍는 횟수도 적었다. 집을 나설 때 이미 필름 돌아간 숫자가 16이었으니 나머지 불과 대여섯 장 정도를 찍은 듯하다. 그 당시는 조금 아쉬웠는데 집에 와서 생각하니 필름이 많지 않아 다행이었다는 생각도 들었다. 다 찍은 필름을 되감으려고 동작을 해 보니 꼼짝도 하지 않는 것이다. 왜 이럴까, 이상한 일도 다 있네. 아무 이상이 없었는데. 혼자 중얼거리다가 카메라를 들고 사진관에 갔다. 단골인 사진관 여주인이 웃으며 "필름이 없네요" 하는 것이었다. 순간 머릿속이 하얘진다. 대둔산에서 필름 없는 카메라를 신줏단지처럼 들고 다녔던 생각이 나면서 온몸에 힘이 빠진다. 그중 한두 장은 현상해 주려고 하던 참이었는데 그것도 못하게 되었다. 평소 꼬박꼬박 빈자리를 필름으로 채워 놓았기 때문에 확인도 안 하고 내 자신을 믿었던 게 화근이었다. 앞의 16장은 어디서 폼을 잡아가며 누구랑 찍었는지도 잘 생각이 나질 않는다. 중요한 사진이 아니었기에 그나마 다행이었다.

나는 여태까지 아무런 종교도 없이 내 마음 하나만 믿고 살고 있다. 큰 실수를 했던 그때의 일을 회상하니 한 잎 두 잎 떨어지는 낙엽도 예전 같지 않게 쓸쓸하게 보인다. 내 마음도 믿을 수가 없게 되었나. 때는 난풍철인네…….

질병 없는 삶

사람이 태어나 한세상 살다 가는 과정에서 육체적인 아픔이 없다면 얼마나 좋을까! 누군가가 이런 희망을 말한다면 모두들 바보 같은 말 그만 하라고 할 것이다. 아니다. 바보라도 좋다. 나는 얼마 전부터 줄곧 그런 생각을 하게 되었다.

오늘은 회사 동료이자 동갑내기 친구 하나가 다리가 아파 병원엘 갔다. 이 친구 처음 다리 아프기 시작한 날이 언제인지 이제는 기억에서 점점 멀어져 간다. 발목 근처가 벌레에 물렸다는데 발갛게 부어올랐다. 여름을 지나 작업복의 길이가 긴 팔로 바뀐 가을이 왔는데도 아직 병원에 다니고 있다. 처음 며칠은 볼 때마다 안부를 묻다가 지금은 본인도 스트레스를 받는 것 같으니 주위 동료들도 조심스러움을 느낀다. 본의 아니게 친구의 마음이 다칠까 말 한마디에도 신경이 쓰인다. 그 친구의 성격은 열을 잘 받는다는 점이 유일한 단점이다. 이 말은 친구에겐 비밀이다.

병원으로 회사로, 집으로 바쁘게 뛰어다녔지만 병세는 달라지지 않았다. 가까이서 지켜보던 동료들도 같이 안타까워했다. 회사 일에 종일을 매달려 지내는지라 동료애가 강하다. 동료가 아프면 마음이 짠해진다. 밥을 먹는 횟수도 가족보다 더 많으니 어쩌면 자연스러운 현상이다. 다리가 아픈 이 친구는 입이 커서 그런지 까르르르하는 웃음소리가 좀 독특하여 저만치 떨어져 있어도 쉽게 알 수 있다. 종합병원에 입원하여 일주일씩이나 출근을 못하는 동안 하얀 치아를 가지런히 드러내고 활짝 웃는 친구의 웃음소리를 들을 수가 없었으니 더 허전하였다.

사랑보다 더 슬프고 진한 감동으로 가슴에 와닿는 게 사람 사이의 정일까? 이곳저곳 병원을 옮겨 다니던 친구의 다리가 거의 완치에 가까울 정도로 호전이 되는가 싶더니 복용하던 약을 멈추자 또다시 아프기 시작한다는 말을 들었을 때 더이상 아무 말도 할 수가 없었다. 나의 이런 걱정을 말끔히 걷어내기라도 하듯 맑고 눈부신 햇살은 마치 친구의 웃음처럼 활짝 웃고 있다. 하지만 시일이 다가올수록 심리적인 초조함은 더 자주 가슴을 압박해 오곤 한다.

사실 나도 겉으론 멀쩡하게 보이지만 만성 중이염으로 한 달 후쯤 수술 예약을 해 두고 있다. 요즘은 일을 하다가도, 잠자리에 들기 전에도 문득문득 떠오르는 불안함을 떨쳐 낼 수가 없다. 인간의 신체 구조는 왜 이리 아픈 곳이 많도록 구성되었을까. 머리끝에서 발끝까지 헤아릴 수 없는 많은 조직들이 때론 파손되기도 하고 때론 평생 고통 속에 살아가기도 하니 말이다.

어쩌면 겉으로 드러나는 친구의 다리보다 내 아픈 귀가 더 오래 나를 힘들게 할지 모른다. 귀동냥으로 들은 바로는 누가 귀 수술을 하다가 신경을 건드려 식물인간이 되는 경우도 있다고 한다. 순간 가슴이 철렁 내려앉는 느낌을 받았다. 애써 태연한 척 했지만 속으로는 겁이 났다. 이제 와서 내가 내 자신을 다스리지 못하면 절대 수술대에 눕지 못하게 된다고. 그렇게 되면 앞으로 살아가면서 청력이 점점 떨어진다는 의사 선생님의 말씀이 생각나 수시로 가슴을 찔러 온다.

아침에 눈을 뜨면 베란다에서 들리는 백문조 소리, 아름다운 음악 소리, 주말이면 기다려지는 남매의 정겨운 대화, 귀에 익은 친구의 웃음소리까지 나를 행복하게 하는 모든 소리들을 언제니 맑고 깨끗하게 들을 수 있었으면 좋겠다. 아무런 종교도 없지

만 두 손을 모으고 수술 잘되게 해 달라고 기도한다. 산을 좋아하고, 책을 즐겨 읽고, 사람 좋아하는 것까지 닮은 나의 소중한 친구 순애. 두 달이 훌쩍 넘도록 산에 한 번도 못 가고 퇴근길에 열심히 걷던 운동마저 하지 못하는 친구. 더 이상 악순환이 되풀이되지 말고 예전처럼 깨끗하고 건강한 다리로 돌아왔으면 좋겠다.

나는 오늘도 기도한다. 너는 나의 오른쪽 귀가 되어 주고, 나는 너의 왼쪽 다리가 되었으면 좋겠다. 아침마다 마주보고 앉아 웃으며 커피를 마시는 친구와 나의 모습을 상상해 본다.

오봉산의 가을

꼬박 한 달이 넘도록 휴일도 반납하고 회사 일에 매달렸다. 바쁜 것도 좋지만 일에만 매달리다 보니, 어느새 가을이 문턱을 두드리는 줄도 몰랐다. 억지로 시간을 내어 강원도 춘천 오봉산 산행 길에 올랐다.

세수를 간단히 한 후 머리는 모자로, 얼굴은 화장으로 포장을 하고 보니 얘기 안 하면 절대 모른다. 높은 하늘이 손짓하는 계절엔 어디론가 떠난다는 자체만으로 마음도 구름을 타고 흘러간다. 물 한 컵 마시지 않고 차에 올랐지만 모두들 얼굴에 생기가 가득하고 목소리에 활기가 넘친다.

등산길은 무난하다는 말을 듣고 가벼운 마음으로 따라나섰다. 가 보니 다섯 봉우리를 넘어야 되는 난코스였다. 해발 779m에 밧줄, 쇠줄 잡고서야 올라갈 수 있었으니 마치 유격 훈련에 임하는 느낌이었다. 등산에 초보인 나도 스릴과 뿌듯함을 동시에 느꼈으니 산악인들의 기분을 충분히 알 수 있을 것 같았다. 앞서거니 뒤서거니 잡아 주고 격려하며 서로 에너지를 충전시켜 가며 마지막 다섯째 봉우리를 정복했다. 정상에서 먹는 점심은 달았다. 상추쌈에 풋고추 한입, 맑은 공기, 거기다 따스한 동료애까지 얹어 입 안 가득 삼켰다.

산에서만이 맛볼 수 있는 흥분, 감동, 함성들로 아직은 때 이른 단풍 대신 온 산을 곱게 물들인다. 하산하는 길에 계곡물을 만났다. 시리도록 맑은 물에 흐려진 내 눈과 마음을 씻어 내고 누가 먼저랄 것도 없이 신발을 벗고 발을 닦는다. 그 아름다운 풍경들을 놓칠세라 나는 얼른 가방에서 디지털 카메라를 꺼냈다. 크고 작은 바윗돌을 마르고 닳도록 목욕시키며 끝이 어딘지도 모르고 쉼없이 흐르는 물소리를 동료들의 정겨운 담소와 함께 영상으로 담았다.

태풍 '매미'가 한바탕 쓸고 간 여름의 끝자락이었다. 다행히도 이곳 춘천에는 매미가 울다 지쳐 졸면서 지나간 것 같다. 황금 들판을 채우고 있는 오곡백과가 마치 미지의 세계에 온 것처럼 반갑기 그지없다. 춘천 하면 빼놓을 수 없는 곳이 소양호이다. 배를 타기 위해 줄을 서고 있다는 전화를 받고 뒤처진 일행들을 재촉했다. 도토리묵에 동동주 한 잔으로 기분은 배가되었다. 오봉산 자락에 아쉬움을 묻고 돌아섰다. 산악회 회원들의 따스한 봉사로 맛있는 잔치국수까지 먹고 나서야 오늘의 산행은 마무리되었다.

다시 오르고 싶은 금오산

억새도 움츠리는 시린 휴일 아침 서둘러 집을 나섰다. 목표가 있는 산행을 실현하려는 것이다. 금오산 정상을 한 번도 밟아 보지 못한 친구가 함께 꼭 정상에 오르기로 작정한 날이기 때문이다. 금오산의 등산로는 어느새 갈색 나뭇잎으로 뒤덮여 있다. 푸른 수풀 사이로 노랑, 빨강 물감을 칠한 듯 아름다운 단풍을 바라보다가 문득 친구를 보고 말했다.

"야! 가이네야. 만약에 단풍 색이 울긋불긋이 아니고 거무튀튀한 빛깔로 물이 든다면 그래도 가을 행락 인파가 이렇게 많을까."

"글쎄……."

크고 선한 눈빛을 가진 친구는 씨익 웃으며 고개를 젓는다.

정상이 가까워지면서 산허리를 휘감은 단풍도 점점 그 빛을 더해 가고 있어 무르익은 가을의 추억을 만들려는 인파들로 붐비고 있다. 정상에 뿌리내리고 있는 철탑 얘기가 귓전으로 들려온다. 철탑의 철거는 오래전부터 구미 시민의 염원이었기에 그리 낯설지 않은 말이다.

아마도 고개 들면 고지가 눈앞인 듯싶다. 등반하면서 낯익은 얼굴을 만나 둘이서 셋으로 일행이 늘고 보니 간식거리도 다양해졌다. 전자레인지에 8분씩이나 돌렸다는 고구마를 가져온 아저씨. 전형적인 아줌마인 우리 둘은 제법 큰 고구마를 통째 전기의 힘으로 익혀 온 아저씨를 멍하니 바라보며 웃었다. 아저씨의 배낭 속에는 그뿐이 아니었다. 도시락에다 소주, 과자까지 알뜰히도 챙겨 오셨다. 친구는 밥 한술 사 먹고 말자며 아예 도시락을 준비할 생각조차 없었고, 나 역시도 김밥집 앞에서 줄을 서 있다가 같이 동참하지 못한 다른 친구의 도시락을 겨우 얻어 온 처지이고 보니 벌어진 입을 다물 수밖에 없었다.

고구마와 과일을 쉬엄쉬엄 먹어 가며 오르다 보니 어느새 정상이었다. 땀을 흘리며 힘들어하는 친구를 향해 "힘내라. 정상이야."라며 용기를 주었다. 금오산 정상 등반에 초행인 친구가 여기까지 올라온 것은 분명히 대단한 일이다. 나설 때부터 나는 그를 믿었다. 한 직장에서 함께 10년을 근무하면서 그의 성실함과 끈기를 이미 봐 왔기 때문이다.

나도 작년에는 금오산 정상을 오른 후 며칠간 다리가 뻐근했는데 이번에는 가뿐했다. 우연한 기회로 등산을 즐기기 시작한 지가 일 년 정도 되었다. 사는 게 바빠 한두 달에 한 번씩밖에 등반하지 못했는데 이제 보니 상당한 변화가 온 셈이다.

오늘 금오산 정기를 온몸에 가득 채웠으니 내일은 어떤 큰일이 닥치더라도 이겨 낼 자신이 생겼다. 금오산에 자주 올라야겠다는 다짐을 하며 내려왔다.

백마강 황포 돛배

떠나기 전에는 생각도 못했는데 뜻밖의 횡재를 했을 때의 기분이 이럴까! 지난해 문학 기행을 다녀온 후 1년 만에 이런 행운이 찾아오다니. 직장도 마침 휴무라 백마강의 황포 돛배를 타는 현실이 나에게 찾아온 것이다.

아침 출발 시간. 시민교회 앞 약속 장소에 흐린 하늘빛이 무색하게 모여든 스무 명 남짓한 회원들의 표정이 밝았다. 사무국장과 출판국장의 재치 있는 진행으로 오늘의 첫 코스 공주에 빠르게 도착했다. 백마강 소나무 숲에 신동엽 시비가 자리하고 있었다. 하정숙 낭송가는 「껍데기는 가라」는 시를 낭랑한 목소리로

읊었다.

시인 신동엽은 1930년 부여에서 태어나 1959년 「이야기하는 쟁기꾼의 대지」로 조선일보 신춘문예에 입선하여 문단에 나왔다고 한다. 머릿속으로 "껍데기는 가라"는 부분만 몇 번 되뇌고 있다 보니 어디선가 낙화암 삼천 궁녀 노랫소리가 가까이 들린다. 서기 660년 백제가 무너지던 날 이곳 백마강에 삼천 궁녀가 몸을 던졌던 곳이라 했던가. 경치가 이렇듯 아름다운 곳에서 구곡간장 찢어지는 아픔이 있었다는 사실이 믿어지지 않았다.

언젠가 거문도 여행 시 심한 뱃멀미로 고생했던 기억 때문에 황포 돛배가 걱정이 되었다. 다행히도 옆자리의 베로니카 님과 많은 대화를 나누다 보니 멀미는 아예 멀리 도망을 갔다. 고란사 종소리와 낙화암 바람 소리가 가득한 이곳에서 베로니카 회원님의 한우 농장 얘기를 듣고 앞으로 시댁 동네에 들르면 농장에도 똑똑 노크를 해 봐야겠다고 생각했다.

선착장 구드래 나루터에 내렸다. 배 속에서 점심 식사 시간이라는 신호가 왔다. 같이 걷던 회원도 배가 고프다 하니 배꼽시계가 정확한가 보다. 소고기 정식으로 점심상이 차려졌다. 집을 떠나서 먹는 맛이 배가 된다는 걸 느낀다. 배가 부르니 옥천 정지

용 생가 앞을 흐르는 실개천이 흐르든지 말든지 뒷전이다. 그런데 「향수」를 감상하고 나서 눈 감으면 실개천이 휘돌아 나오는 멋스러움이 눈앞에 펼쳐졌다. 옥천읍에서 보이는 간판, 조형물, 산책길, 카페 등 공공 프로젝트의 대상은 거의 모두가 시인 정지용에 관련된 것들이다. 싸리 대문을 지나면 안채와 행랑채가 지어져 있고 생가 옆으로 물레방아와 동상도 함께 볼 수 있다.

마지막 코스는 육영수 여사의 생가였다. 옥천군 옥천읍 교동리에 위치하고 있으며 아흔아홉 칸 전통 한옥으로 지어져 있다. 2002년 4월에 충청북도 기념물 제123호로 지정되었다고 한다. 안내하시는 분께 우리는 구미 육영수 시댁에서 왔노라고 하니 더 반가운 표정으로 친절하게 설명해 주셨다. 잘 복원된 모습이 훌륭하여 뒤가 자꾸 돌아다보인다. 발자국과 아쉬움을 남기고 대문을 나서는데 하루 종일 참았던 비가 한두 방울 가늘게 뿌렸다.

집으로 돌아오는 버스 안은 한결 훈훈한 공기가 흐르고 있다. 만석 선생님의 해박하신 특강에 아낌없는 박수가 쏟아졌다. 관광버스 안에서 합평회가 있고 특강이 있고 게임이 있는 곳은 분학회가 아니면 볼 수 없는 귀한 시간이었다. 바쁜 삶의 끈을 잠시 풀어놓고 어디론가 훌쩍 떠나서 얻는 여유로움과 산 경험을 한 후 일상으로 돌아온 멋진 하루였다.

자원봉사

며칠 전 지인으로부터 전화가 왔다. “혜순아! 자원봉사 갈래?” 뜬금없는 한마디에 답을 못 찾고 있는데 ‘삼성전자 가족 워킹 대회’를 한다는 것이었다. 걷기를 마친 후 잠시 밥 퍼 주는 일을 하는 것이란다. 청명한 가을 날씨를 무색하게 할 만큼 피곤한 기운이 손끝으로 전해지면서 전화기를 잡은 손이 이미 거절을 하고 있었다. 요즘 회사서 연장 근무를 하는 탓에 집에서 편히 쉬고 싶었기 때문이다. 그럼에도 불구하고 오늘 이른 오전에 옷 색상까지 맞춰 입고 나설 수밖에 없었던 건 이미 등록을 해 놓았다는 지인의 성화를 이길 수 없어서였다. 나는 평소 약속만큼은 철저히 지키는 사람이라 자부하고 있다.

상의는 흰색, 하의는 검정색 바지를 골라 입고 자원봉사 회원으로 활동하고 있는 친구 차를 타고 약속 장소로 갔다. 아직도 마음 한편에는 '내 몸 하나 제대로 건사 못하면서 무슨 봉사를 한다고 이러는지 참' 하고 있었다.

자원봉사 장소인 동락공원에 도착했다. 여느 행사 때마다 보아 왔던 익숙한 천막들이 눈에 들어오고 먼저 도착한 회원들이 흰 상의에 빨간 조끼를 입고 분주히 움직이고 있었다. 우리 일행도 빠른 걸음으로 대열에 합세했다. 생각해 보니 살아오면서 누군가에게 밥을 받아먹어 보긴 했어도 내가 직접 밥을 주기는 처음이었다.

내가 맡은 임무는 비빔밥 재료 중 무생채무침을 밥 위에 얹어 주는 일이었다. 밥 담당은 주걱을 사용해야 되기 때문에 손목이 아플 것 같았다. 두 시간 남짓 동안 정말 많은 사람들이 나의 손을 지나갔다. 시민들이 밥을 맛나게 먹는 모습을 보니 가슴이 뿌듯했다. 젊은 청년이 빈 그릇을 들고 와서 더 달라고 할 때 갑자기 내 아들이 생각나 더 많이 담아 주려는 마음이 앞선다. 이런 보람으로 봉사를 하는구나 싶었다.

주어진 일을 마무리하고 우리 일행도 비빔밥을 한 그릇씩 받아 들었다. 내려다보니 이 밥은 단순한 비빔밥이 아니라 마치 전 재료를 내가 다 만든 것 같은 뿌듯함과 자존감도 함께 들어 있었다. 봉사 중에 밥 퍼 주는 봉사가 제일이란 말을 들은 적이 있다. 오늘 내가 그 일을 했다고 생각하니 피로가 싹 가신다. 내년에도 또 갈 거냐고 묻는 지인의 말이 떨어지기가 무섭게 그러겠다는 대답이 앞선다.

어느덧 내 나이 정년을 몇 해 앞두고 있다. 오늘 일을 계기로 봉사라는 것도 좀 하며 살아야겠다는 걸 느꼈다. 봉사는 나와는 상관없는 일이며, 바쁜 내가 하지 않아도 얼마든지 할 사람이 많다고만 생각했다. 물론 그럴 수도 있다. 하지만 직접 경험하고 나니 스스로 참가 의지가 생긴다는 사실이 놀랍다. 평소 무슨 행사를 할 때 천막 앞에 줄서기 한 적은 더러 있지만 그때는 그냥 아무 감정 없었던 것들에 대한 미안함이 느껴진다. 앞으로는 '고맙습니다. 감사합니다. 수고하십니다.' 이런 말들이 저절로 나오게 될 것 같다.

무거운 몸과 마음으로 봉사 현장에 갔었지만 돌아올 땐 밝은 얼굴 가벼운 마음을 가지게 된 내가 참 신기하다는 생각이 들었다. 그냥 손놀림을 바쁘게 했을 뿐인데도 말이다.

마지막 버킷 리스트

퇴직 후로 미뤄 두었던 버킷 리스트 2가지는 운전과 컴맹 탈출이었다. 운전은 2년 반 전에 이미 해결하였으나, 컴맹 탈출은 그동안 시간이 맞지 않아 시작을 못하고 있었다. 그동안 독수리 타법으로 과제 제출 정도는 해결했었지만 첨부 파일 형식이며, 사진 첨부와 같은 작업은 어려웠고, 또 무엇보다 타자 연습을 많이 하여 속도를 내고 싶었다.

드디어 컴퓨터 학교에 입학했다. 장소는 금오산 쪽으로 걸어서 10분 거리다. 장애인은 무료이고, 65세 이상은 1만 원, 일반인은 한 달에 2만 원으로 월요일부터 금요일까지 배운다. 기초반은 9시 40분부터 시작이다. 명단에 모두 13명이라 같은 날 입학

한 줄 알았더니 다들 잘하고 있었다. 선생님께 물어봤더니 나와 같은 날 입학한 학생은 3명이라 한다.

그중 한 분은 스님으로 60대로 보인다. 오늘 일주일째 되는 날인데 아직 컴퓨터를 켜고 끄는 방법을 묻고 있는 걸 보니 내가 쪼끔 더 낫다는 생각이 들었다.

사람의 마음이 다 그럴까? 같은 동기인데 내가 꼴찌를 하고 있으면 왠지 자존심이 상할 것 같다. 같은 날 입사한 회사 동료라도 일을 배우는 속도가 나보다 빠르고, 동료들과의 친분도 쉽게 쌓아 가는 사람이 있다. 그냥 그러려니 생각하면 편할 터인데 그래도 나는 꼴찌가 싫다.

두 살 위인 언니 둘은 벌써 몇 달째 배우고 있었다. 첫날은 언니가 앞쪽에 앉으라 해서 앉아 배우고 있는데 10시쯤 되니 젊은 할아버지 한 분이 내 옆자리에 와서 앉는다. 노인 냄새가 살짝 난다. 배운 지 얼마나 되었냐고 두 번이나 물어도 대답이 없다. 선생님이 지나가다 듣고 한 달 되었다고 알려 준다.

다음날 나는 다른 자리를 물색했다. 첫날 짝꿍 할배는 알고 보니 귀가 어두워 보청기를 낀 상태인데 선생님이 목 아프나면서

보청기를 새로 하라고 한마디한다. 그러거나 말거나 할배는 여전히 선생님과 언성을 높이고 있다.

나는 좀 일찍 가서 따로 자리를 잡았다. 다행히 옆자리는 지인 언니 중 한 명이었다. 그 후로는 내 자리를 누가 먼저 차지할까 싶어 9시 반까지는 꼭 도착한다. 그래도 벌써 몇 분이 와 있다. 70대, 80대로 보이는 분도 있다.

언니와 살갑게 대화를 나눈다. 오늘 같은 수요일은 오전에 컴퓨터를 배우고 주변에 있는 '어르신의 선낭'에서 1,500원짜리 점심을 먹고 오후에는 서예나 일어를 배운다는 것이다. 두 살 많은 언니의 얘기를 들으니 지금이라도 컴퓨터 학교에 입학하길 잘했다는 생각이 든다.

처음 이틀간 자판 연습을 했는데 다음날 선생님은 낱말 연습을 해 보라 했다. 요즘은 진도가 많이 나가서 프린트하는 방법을 배운다. 마치는 시간까지 열심히 손가락 운동을 하고 있다. 이제 곧 마지막 남은 버킷 리스트를 정복한 후 두 팔 들고 만세를 불러야겠다.

산책길 풍경

연일 폭염이 기승을 부리는 요즘이다. 이른 아침 눈을 뜨기 바쁘게 산책길에 나선다. 집 옆 금오천이 새단장되어 금방 발을 디딜 수 있어 좋다. 물소리를 벗삼아 걷다 보면 어느덧 올레길이 눈앞에 와 있다. 부지런한 젊은이들, 일찍 깬 어르신들, 저마다의 발걸음으로 눈부신 아침 햇살을 맞고 있다.

눈앞에 40대로 보이는 여성분이 어찌나 잘 걷던지 벌써 여러 사람 제치고 앞서가고 있다. 가볍게 걷는 모습을 보니 따라잡고 싶은 충동이 인다. 두 팔을 크게 흔들고 최대한 앞만 보고 걸었다. 처음 몇 분 동안은 앞서가는 그녀와 속도가 비슷한 듯했으나 얼마 안 되어 힘에 부친 나는 속도를 늦추고 말았다. 내 발걸음으로 아무리 빨리 걸어도 앞서가는 젊은 여성의 걸음을 따라 잡을 수 없다는 생각이 들자 갑자기 머리가 띵하니 한 대 맞은 느낌이 든다. 나도 저 때는 산꼭대기에서도 평지 걷듯 했었다고 생각하니 아련한 서글픔이 밀려온다. 앞서가 버린 그녀가 부러웠다.

모퉁이를 돌아오는 길목에서 잠시 멈췄다. 옆 난간에 기대서서 금오지 풍경을 바라보던 세 분의 대화가 재밌게 들렸기 때문이다. 이번엔 60대로 보였는데 한 분은 남자분이었다. 예전 같으면 60대는 할머니 할아버지로 불렸지만 요즘은 청춘이다.

"어이— 총각. 그만 가세."

"알았네 아가씨."

멋진 대화에 피식 웃음이 나왔다. 세 분을 추월하여 걸었다. 그래도 이분들보다는 내가 젊은데 하는 쓸데없는 무언의 경쟁 심리가 작용했던 것이다. 그런데 또 한 번 그분들이 내 발걸음을 붙잡았다. 여성분 중 한 분이 내게 몸매가 어쩜 그렇게 이쁘게 관리했느냐 하는 것이었다. 난 순간 쑥스럽고 부끄러워 쥐구멍을 찾았다. 쑥스러웠던 건 이쁘게 봐주시는 분께 대하는 예의이고 부끄러움은 사실 멀쩡한 겉모습과 달리 건강하게 관리하지 못한 내 몸에 대한 부끄러움이었다. 그래도 희비가 엇갈린 아침 산책길에서 난 긍정적 마인드를 갖기로 마음먹었다. 그분의 그 말씀이 한 방울의 물이 되어 건강관리에 대한 결심의 잔을 넘치게 했다. 비만의 모습으로 남의 시선을 끄는 것보다 낫지 않은가! 나도 앞으로는 무작정 걷지 말고 길동무에게 한마디씩 칭찬을 해주는 센스를 발휘해야겠다.

올레길을 뒤로하고 금오천 산책길도 끄트머리쯤 왔을 때 제법 힘차게 흐르는 물소리에 관심을 두자 백로가 눈에 띄었다. 기분 좋은 일이 한 가지 더 추가되는 순간이다. 낼 아침에도 백로가 궁금해 이 길을 지나야겠다. 아니 솔직히 말하면 백로보다 좀 전에 지나친 세 분을 만나기 위함이 맞는 말일지도 모른다. 벌써 머릿속엔 내일도 오늘과 같은 옷을 입고 같은 시간에 산책길에 나서야겠다고 생각하고 있으니 말이다.

낼 아침에는 백로에게도, 길벗님께도 내가 먼저 반갑게 인사를 건네야겠다. 이 여름이 우리에게 후회 없이 살라고 말하는 듯하다. 혼자 먹는 밥이 참 맛있는 아침이다.

청산도의 바람

초록이 흐르는 계절이다. 산악회에서 특별 기획으로 청산도, 완도 1박 2일 코스를 진행했다. 그곳은 3년 전쯤 직장 친구 모임에서 다녀온 곳이긴 하지만 이번에는 다른 일행과의 동행이다.

원래 여행은 준비 과정이 더 가슴 설렌다. 동행할 친구들이 스쳐 지나가면 묻고 대답하고 웃기를 반복한다. 등산복을 입고 가자고 하다가 이번에는 산행이 아니라 관광이니 예쁜 평상복을 입고 가자는 쪽으로 의견이 모인다. 하루는 등산복, 다음날은 자유복으로 하면 어떻겠냐는 의견도 있다. 산악회니까 등산복이 좋겠다는 의견에 청바지를 다같이 입자는 말까지 나왔다. 듣고 보니 괜찮은 것 같은데 여기서 한바탕 폭소가 터졌다. 일행 중 유난히 예쁜 친구가 청바지가 없다는 거였다. 자기는 자주 입는 검정 치마 레깅스를 입고 가겠다는 거다. 하루 입자고 청바지를 새로 구입하는 것은 좀 그렇다고 한다. 다섯 명이니까 사진 촬영할 때 자기는 청바지들의 가운데 서면 안 되겠냐고 한다. 듣고 보니 그 또한 그럴듯하다. 그렇게 해서 완도, 청산도 1박 2일 여행이 시작되었다.

산, 바다, 하늘이 모두 푸르러 청산도라 이름 지어졌다고 한다. 가슴까지 차오르는 봄 햇살을 온몸으로 끌어안으며 청산도의 아름다움에 빠져서 새벽녘 출발의 피곤함도 잊을 만큼 일행은 들떠 있었다. 완도에서 청산도로 한 시간 정도 배를 타고 들어갔다. 바람이 잔잔한 편이라 배 안에서 간식도 먹으면서 즐거운 쪽이 있는가 하면, 수면 부족으로 코까지 골며 곯아떨어진 몇몇도 눈에 띈다.

큰 가방은 숙소인 완도에 두고 미니 가방만 소지한 채 청산도를 향해 나섰다. 청산도에서 3시간 정도 관광하고 바로 완도로 다시 온다고 했기 때문이다. 하필 나는 여행 며칠 전에 결막염이 와서 먹는 약과 눈에 넣는 약을 같이 챙겨 왔는데 복용하는 약이

들어 있는 등산 가방을 완도에 두고 와 여간 불편하지 않았다. 그런데 문제가 생겼다. 완도에서 조용하던 파도가 청산도에서 풍랑 주의보가 발령날 줄 누가 알았겠는가, 모든 선박의 출항 금지로 졸지에 오도 가도 못하는 신세가 되어 버렸다. 갈아입을 옷이랑 세면도구는 완도에 있는데 청산도서 1박을 하게 되었으니 참으로 난감했다. 그보다 더 애가 탈 일은 결막염 약을 먹지 못하게 된 일이다.

완도로 연락을 취한 끝에 가까스로 청산도에서 하룻밤을 묵을 수 있게 되었다. 끼니는 라면으로 때우는 신세가 되었다. 다행히도 소지한 작은 가방 여기저기서 샘플 화장품이 나오는 바람에 조금씩 나누어 바르는 모습들이 정겹기도 했다.

시간은 흐르고 청산도의 밤 풍경을 보러 숙소 주변을 거니는 일행도 보였다. 우리 방 번개 모임 일행은 그런대로 편한 자세로 얘기를 나누기는 했으나 점점 더 거세지는 바람 때문에 쉽게 잠이 들지 못했다. 더구나 눈이 아픈 나의 기도는 간절했다. 날이 밝으면 밤새 불었던 바람이 지쳐 잠이 들기를 바랐고, 무사히 완도행 배를 탈 수 있기만을 바랐다.

몇 년 만에 다시 찾은 청산도의 마지막 날이 어김없이 밝았다. 모두 간절한 마음으로 밤을 지새우고 새벽같이 일어나 발을 동동 구르고 있었다. 아침 햇살이 창문을 비집고 문안 인사를 할 무렵 갈아입을 필요도 없는 차림으로 아침을 먹었다. 우려했던 걱정과는 달리 첫 배가 출항을 한다는 반가운 소식에 다들 좋아 방방 뛰었다. 챙길 것도 없는 작은 가방 하나씩 집어 들고 이제는 집으로 갈 수 있다는 안도감에 서로를 바라보는 표정들이 훨씬 밝아 보였다.

다투어 항구에 도착했다. 여객선 터미널에서 웅성웅성하는 소리가 들려 들어가 보니 지금 풍랑 상태로는 위험해서 출항할 수 없다고 한다. 망연자실하며 돗자리까지 깔고 아예 주저앉아 대기하는 모습도 보였다. 언제 배가 뜰 수 있는지 알 수 없는 시간이 흘렀다. 갑자기 방송이 나올 수 있으니 어디 관광도 맘 편히 할 수도 없는 상황이다. 우리 일행도 어쩔 수 없이 마트에 들러 미니 돗자리랑 간식을 사서 근처 은행 현금 인출기 코너에 자리 잡고 앉았다. 나는 눈이 충혈이 되어 간식은 뒷전이었다.

혼자 밖으로 나와 어제 골목에서 얼핏 본 것 같아서 동네 약국을 찾아 걸었다. 일요일이라 문을 닫았을 수도 있지만 지푸라기라도 잡는 심정으로 가 보고 싶었다. 약국을 찾아 움직인 나의 눈길이 골목 담벼락 사이를 뚫고 올라온 장미 한 송이에 잠시 머무른다. 만약 내 눈이 안 좋아져서 이 꽃이 희미하게 보이면 어쩌나. 누구보다 눈만큼은 좋다고 자부하며 살아왔는데, 약국으로 향하는 발걸음이 빨라진다. 그리고 천만다행으로 휴일임에도 섬마을 동네 약국의 문이 열려 있었다. 아쉬운 대로 진통제를 구했다. 복용하던 약은 아니어도 내 손에 약을 쥘 수 있다는 것만으로 위안이 되었다.

그 후로도 한두 번 더 완도로 향하는 배를 그냥 보내면서 육지 밟기를 거의 포기하였다. 회사에 내일 출근하지 못한다는 연락을 하기로 의견을 모으고, 각자 가족에게도 연락을 하였다. 걱정을 한 아름 안고 있는 와중에도 웃을 수 있는 것은 혼자가 아니라 몇 명이나마 단체라는 게 큰 위안이 되었던 것 같다. 그러면서도 내일 출근 못하면 단체로 불려 가는 게 아닌지 모르겠다며 또 한바탕 큰 웃음을 날리는 순간 바앙— 빵— 뱃고동 소리가 들렸다. 배가 출항한다는 신호였다.

서둘러 선착장으로 나갔다. 이제 더 이상 꾀죄죄한 몰골로 걱정까지 안고 여기서 머물지 않아도 된다는 안도감에 가벼운 발걸음으로 뛰기 시작했다. 섬에서 갇히게 될 수도 있음을 실감하고 있다가, 오늘을 넘기지 않고 귀가할 수 있다는 게 다행스러움을 절실히 경험했다. 집 떠나면 고생이라는 말을 확인했던 여행이었다. 내 집이 최고다!

관광버스에 오르니

몇 년 만에 관광버스에 올랐다. 휴게소마다 버스가 주차장을 메우고 화장실마다 길게 늘어선 줄이 코로나가 물러갔음을 실감하게 한다. 중학교 선배이자 전 직장 동료이기도 한 친구의 권유로 따라나섰다.

통영 '사랑도' 나들이였는데 갈매기 나는 배 위에서 드넓은 바다를 바라보니 가슴이 탁 트이는 것 같았다. 만나서 반가움에 포옹하던 지인들과 거리두기를 하고 마스크를 안 하면 죄인인 듯 서로 눈치를 보던 지난 3년을 우리는 잘도 이겨 냈다. 스스로에게도 토닥토닥해 주고 친구의 어깨도 감싸안는다. 앞으로 또 다른 난관에 부딪혀도 지금까지 그래 왔듯 함께 헤쳐 나가자고 말

없는 메시지도 얹어 본다. 하얀 치아를 드러내고 맘껏 웃으며 그동안 어색했던 얼굴들도 익숙해지려는 듯 눈에 담는다.

여행은 다리가 떨릴 때 가는 것보다 가슴이 떨릴 때 가라는 말처럼 60대에 부지런히 다니자며 친구와 손가락을 걸어 본다. '돈도 통장에 있는 건 숫자에 불과하고 꺼내 써야 내 돈이다.'라는 말도 명언처럼 박히는 나이가 된 것 같다. 곳간을 가득 채워 놓고 몸이 병들면 무슨 소용 있으리.

퇴직 후 운전을 하게 되면서 여기저기 기웃거리며 취미 생활과 자격증 도전에 바쁜 나날을 보내고 있다. 가끔 몸이 힘들다고 신호를 보낼 때도 있는데 그럴 땐 만사 제쳐 두고 운동 길에 나선다. 언제든지 시간이 자유로우니 이보다 좋을 순 없다. 도로에서 신호를 무시하면 큰일이 나는 것처럼 인간의 몸도 적색 신호등이 켜지면 이미 늦을지도 모른다. 황색 불이 들어올 때 미리 대비하는 게 최선이 아닐까 싶다.

휴게소에서 본 풍경이 한 번씩 떠오른다. 그동안 하루 세끼 집밥에 힘들었을 엄마들, 그 엄마들의 잔소리(?)에 더 힘들었을지도 모르는 아버지들이 있다. 오늘 하루만이라도 떨쳐 버리고 남편과 아내의 울타리에서 벗어나 친한 친구들과의 편한 수다로 소확행을 누려 보자!

누구나 저마다 쌓인 피로나 스트레스를 푸는 방법은 다르다. 음악을 들으며 해소하는 이들이 있는가 하면 쇼핑으로 기분 전환을 하기도 한다. 때론 한잔의 술이 윤활유가 되어 주기도 하고 이도 저도 아닌 나는 운동으로 풀곤 한다. 여행은 어디로 가느냐도 중요하지만 누구랑 가는지가 더 큰 비중을 차지할 때가 많다. 인생은 60부터고, 오늘이 가장 젊은 날이다.

해설

오묘한 맛이 기대되는 장혜순의 수필

수필가 조명래

수필의 길을 묻다

2024년의 끝 무렵에 소설가 한강의 노벨문학상 수상 소식이 지구촌을 강타했다. 같은 국적을 가지고 태어나 동시대에 문학을 하는 사람으로서 긍지를 느끼는 큰 기쁨이었다. 노벨상 수상작을 원어로 읽게 되었다면서 감동하는 사람들도 많았다. 한 사람의 작가가 우리 5천만 민족의 자긍심을 일거에 채워 준 쾌거였다.

문학에는 금번 노벨상을 받은 소설을 비롯하여 시, 희곡, 아동문학 등 여러 장르가 있지만 그중에서 수필이 차지하고 있는 위치와 비중은 그렇게 크지 않다. 수필 문단에 발을 담그고 있는 사람으로서 인정하고 싶지 않지만 솔직한 현실 인식이다. 수필문학의 위상 제고를 위한 노력은 오롯이 수필가들의 몫이다.

수필은 체험을 중심으로 표현하기 때문에 신변의 이야기들이 작품의 소재가 되는 건 수필이 타고난 운명이다. 수필이 독자에게 외면당하지 않으려면 신변의 이야기를 소재로 하더라도 이에 각도와 깊이를 더해야 한다. 단순한 생활 주변의 이야기에서 벗어나 절실하고 간절한 체험을 소재로 끌어와 문장으로 표현되어야 한다. 여기에 개인의 고백일 수밖에 없는 한계의 극복에 품위 있는 문장이라는 조건을 덧붙이고 싶다. 인격적 감화력으로 독자에게 감동을 주고 공감을 불러일으키는 작품 생산에 진력해야 한다. 장혜순의 글을 읽으며 내 스스로에게 묻는 질문이자 답이다.

장혜순 수필의 시작, 그리고

장혜순이 문학계에 등장한 것은 무려 34년 전이다. 1991년 매일신문의 한글글짓기대회에서 최우수상을 받은 후 지역 문인들의 모임인 '선주문학회'의 초청을 받아 가입하였다. '선주문학회'는 경북 선산군(지금은 구미시 선산읍)에 뿌리를 둔 문학 모임이다. 지역에 연고가 있는 사람들 중 문학에의 열정이 충만했던 이들이 1984년 창립하였으며, 이후 연간집 《선주문학》을 헌 해도 거르지 않고 발간하고 있다. 장 수필가는《선주문학》제11집(1991년 여름)에「하루 세 번 이를 닦으며」를 첫 작품으로 실은 후, 2024년 12월 제44집의「쌍꺼풀」,「컴퓨터를 만나서」까지 한 해도 빼지 않고 수필을 실었다. 그런 가운데 각종 공모전을 비롯하여 여타의 문학 전문지에 꾸준히 작품 활동을 하고 있다. 이는 글쓰기에의 관심을 한시도 놓지 않고 꾸준히 써 온 것에 대한 확인이다.

무려 40년 가까운 세월을 오로지 수필 쓰기 외길을 걸어온 그녀가 어느 날 등단할 결심을 하게 된다. 그간의 역량으로 볼 때 등단은 그리 어려운 일이 아니었다. 지역을 벗어나 처음 작품을 던진 곳은 종합 문예지《미래시학》이었다. 2023년 여름의 제44호 신인상에「가을은 진행형」이 실리며 넓은 문학의 바다에 첫발을 내딛었다. 지역에서 만기 출소하고 전국의 수필 문단에 그 이름 석 자를 내놓았던 것이다.

근무하고 있는 회사 정원에 피어 있는 국화꽃, 이를 돌보는 경비 아저씨, 그리고 각자가 추수한 결실들을 서로 나누는 연례적인 풍경 등 일상에서 마주치는 평범한 것들에 시선을 보내고 의미를 부여하고 있다. 그간의 습작들이 널리 인정받은 셈이다.

문예지에 발표된 작품을 통하여 장혜순 수필의 변화를 확인해 본다. 쉽게 1991년《선주문학》제11호에 실린 첫 작품「하루 세 번 이를 닦으며」와 다음 해「누리를 밝히는 등불」과 2024년 12월에 발간된《선주문학》제44호에 실린 2편의 수필이다.

햇살에 반짝이는 진주알처럼 새하얀 이는 그대로 돋보일 테고, 누런 이는 또 나름대로 튼튼하다고 하니 불결해 보이지 않아 좋다. 외모보다 마음을 깨끗이 닦은 사람이 '된 사람'이다. 요즈음 매스컴을 통해 한창 떠들어대는 폐수만 해도 그렇다. 어떻게 관리하였기에 이렇게까지 우리의 아름다운 조국 산천이 병들어 간단 말인가. 폐수 문제는 바로 식수 문제로 연결되니 심각한 지금이다.

사랑스런 아이들에게 마음놓고 먹이지도 못하는 현 실정이 안타깝다. 이를 닦지 않은 더러운 입안처럼 각종 폐수를 흘려보내는 비양심적인 사람들은 크게 각성할 일이다. 하루에 세 번 이를 닦듯이 누구나 그날을 돌아보고, 반성할 줄 아는 기본 양심을 키울 일이다.

—「하루 세 번 이를 닦으며」 재정리

밥은 짐승도 먹고 일은 소도 한다. 우리 인간이 다른 점은 질서를 가지고 있다는 것이다. 연인끼리도, 동료지간에도, 부부 사이에도, 부모 자식 간에도, 상사와 부하 사이도 질서란 필요한 도리이다. 물론 질서란 단순히 줄을 서는 것을 말하는 게 아니라 예의범절을 뜻하는 것이다. 그중에서도 가장 두드러지는 부분이 언행이다. 언행은 심성에서 나온다. 마음이 맑은 사람은 눈빛이 맑고 밝다. 행동 그 자체가 예의다.

그런데 요즈음은 '동방예의지국'이 뿌리째 흔들리는 느낌을 받게 되어 사람들의 눈살을 찌푸리게 하는 모습들이 비일비재하다. '가정교육'이라는 단어조차 없었던 옛날에는 아버지의 기침 소리가 가정교육이었다. 요즘은 상하의 구별도, 노소의 구분도 없어져 가니 우리 모두의 설계 속에 꼭 '예의 바름'을 항목으로 넣자.

—「누리를 밝히는 등불」 재정리

1991년의 첫 발표작 「하루 세 번 이를 닦으며」는 아이들이 담장 모퉁이 양지바른 곳에 모여 놀면서 재잘재잘 나누는 말에 귀를 기울이고 있다. 대화의 소재가 칫솔로 이를 닦는 것임을 알고 평소 관심이 있는 폐수 문제로 귀결시킨다.

다음 해인 1992년 《선주문학》 제12호에 발표된 「누리를 밝히는 등불」에도 수필가의 마음을 읽을 수 있다. 눈살을 찌푸리게 하는 부조리한 현실이 수필가의 눈에 보인다. 마음이 바르지 않고, 예의도 없는 무질서한 현실이 얼마나 안타까우면 한 해의 계획으로 '예의 바름'을 넣자고 할까. 수필가를 포함하여 모름지기 문학인이라면 건전한 사회를 만들고, 이를 선도하는 역할을 해야 한다는 인식을 가져야 한다는 것이 비단 장 수필가의 생각만일까.

장혜순의 수필은 그녀의 인생 수십 년 세월과 함께 물처럼 바람처럼 흐르고 흘러 오늘에 이르고 있다. 우선 소재의 선택에 연륜이 여과 없이 투영되어 있다. 2편의 작품 중 하나는 최근 쌍꺼풀 수술과 이마의 주름을 펴는 수술을 했다는 이야기다. "살면서 고쳐야 되는 게 어디 사람 얼굴뿐이던가. 집 안의 전자 제품도 그렇고 자동차도 그렇다. 오래 사용하다 보면 닦고 조이고 기름 치고 재정비를 해야 된다. 남녀 불문하고 피부과나 성형외과를 찾는 요즘이다." "쌍꺼풀 수술을 하러 성형외과를 방문하여 상담 후 내친김에 이마까지 아스팔트처럼 매끈하게 포장을 했다."는 것이다. 얼굴이 예뻐지는 것도 좋지만 매끈해진 이마처럼 마음도 모나지 않게 매끈하게, 예쁘게 가꿔야겠다고 능청을 떤다.

다른 한 편은 컴퓨터 공부를 하는 이야기이다. 아마도 컴퓨터가 일상화된 것은 장혜순 씨가 수필을 시작한 1991년 부근이라 생각된다. 그동안 컴퓨터 때문에 당한 고초가 얼마나 컸으면 퇴직하면서 다짐한 버킷 리스트 두 가지 중 하나가 컴맹 탈출이라 했을까. 그동안 전업 주부로의 여건들로 인하여 어쩔 수 없었기에 이제라도 시작했음을 당당히 드러내고 있다. 그러면서 "나이가 들었다고 포기하지 말고 배움을 계속한다면 내 마음은 언제나 청춘이다."고 할까.

여기에서 읽히는 또 하나의 변화는 소재의 선택에 있어 부끄럽다고 감추지 않고 당당하게 드러냄이다. 자신의 체험을 나타내는 수필의 특성을 그 어떤 것도 주저하지 않고 있음을 알 수 있다. 세상에 겁날 게 없는 대한민국의 아줌마라 할까.

장혜순 수필의 현주소

독자로부터 아낌을 받는 수필을 만들려는 다방면의 실험이 강구되고 있다. 1인칭 위주에서 벗어나려고 하는가 하면, 소재의 참신성이 중요하다고 말한다. 또 다른 방법으로 수필의 길이에 대한 논의도 분분하다. 10~15매의 길이에서 벗어나 5매 이하로 내용의 축약이 필요하다는 주장이다.

장혜순의 수필 여러 편에서 단수필의 경향이 읽혀진다. 단순한 길이만의 문제가 아니라 짧은 길이 안에서 어떻게 하면 완성도 높은 작품으로 빚어내려고 노력하고 있음을 알게 된다.

이 짧은 수필은 단수필, 5매 수필, 손바닥 수필 등으로 다양하게 불리며, 간단히, 짧게, 빨리빨리와 같은 시대의 흐름에 따르고 있다. 분량이 줄어드는 대신 밀도는 당연히 높아져야 한다. 짧은 글 속에 서론, 본론, 결론이나 기승전결과 같은 구조로 함축적 메시지를 담아내야 완성도 높은 작품이라 할 수 있다.

「배추가 공짜였어요」, 「바위 앞에서」, 「금오천이 벚꽃을 안고」, 「늦가을이 내린다」, 「시장 풍경」, 「달콤한 늦잠」, 「관광버스에 오르니」 등 얼핏 봐도 5매 내외의 단수필이면서 짜임이 탄탄한 작품이 눈에 띈다. 시대의 트렌드를 앞서가고 있음을 알 수 있다.

장혜순 수필의 더 큰 성장과 발전을 기대하는 마음으로 한 가지 조언을 하자면, 소재 선택에 있어 시야를 넓히고, 깊이 있는 문장으로 표현하려는 노력을 게을리하지 말라는 점이다. 누구나 생활 범위가 한정되어 있거나 비슷하지만 바라보고 생각하는 각도와 깊이를 더하게 되면 전혀 다른 글로 표현될 수 있다. 그런 작품이어야 머리에만 전달되는 이해에서 더 나아가 가슴에 울림을 주는 문학이나 예술이라는 이름을 얻게 된다. 20년 전인 2005년에 쓴 작품이자 이번 수필집의 표제작 「달콤한 늦잠」을 볼 때 그 가능성은 충분하다.

> 내가 아직 이불 속에 있을 때 친구는 새벽을 열고 산뜻한 공기를 호흡하고 있다는 생각을 하니 정신이 번쩍 든다. 그럼에도 다음날 난 알람 소리를 듣고서야 일어난다. 난 왜 이렇게 잠이 많은지 모르겠다. 정신력의 부족 탓일까!
>
> "누구에게나 시간은 똑같이 주어진다. 성공으로 올라가는 엘리베이터는 없고, 걸어 올라갈 계단이 있을 뿐"이라는 말이 있다. 누구에게나 일 초, 한 시간씩 거쳐야 비로소 하루가 지나간다. 똑같이 주어지는 이 소중한 시간을 한 계단, 두 계단 땀 흘려 오를 수 있어야 고지에서 맞는 기쁨도 그만큼 배가 되리라.
>
> —「달콤한 늦잠」 재정리

달콤한 늦잠으로 출근이 시간에 쫓겼던 어느 하루의 일상에서 작품의 실마리를 건져 올려서 더 큰 성찰로 이끌어 가는 작품과의 만남은 독자의 행복이다. 잠재되어 있는 가능성이 용암처럼 분출되어 주변을 채우고 널리 세상으로 퍼져 나가리라 믿는다.

장혜순 수필의 미래

인생을 살아가면서 사건들과 만나지 않는 사람은 없다. 생활 속에서 생각하고 고뇌한 사실들이 가슴 안에서 돌고 돌아서 마침내 작품이 된다. 그 작품에 작가의 사색과 체험의 산물이 녹아 있다. 우리는 작품을 통하여 작가의 평소 색깔을 발견할 수 있다.

장혜순은 일상의 이야기들에 각도와 깊이를 더하여 한 권의 수필집을 내었다. 언제 어디서나 수필의 끈을 놓지 않고 있음을 알 수 있다. 이렇게 길고 긴 숙성의 세월을 거쳐 이제야 첫 작품집을 선보이게 되었다. 수필집 전편에 틈틈이 연마해 온 수준 높은 자작 캘리그라피를 곁들여 독자들에게 부드러운 친근감을 선사하고 있다.

흔히들 수필은 연륜의 문학이라 한다. 그만큼 연륜이 쌓여야 맛깔나는 작품이 빚어지게 된다는 말을 앞에 놓고 장혜순의 수필을 생각한다. 그의 작품에 녹아 있는 세상살이의 지혜가 독자들에게 작은 느낌으로 전해 온다. 머리에만 전달되는 이해에서 한발 더 나아가 가슴에 울림을 주고 있음이다. 오늘을 본격 수필의 시작 지점으로 생각하고 계속 달려 나간다면 깊이에다 오묘한 맛까지 더해지리라 기대한다.

그루수필선 001~040

001 김진태 『침묵의 향기』

002 정재호 『도시에 나온 촌닭』

003 이원성 『뜻을 잃은 언어들』

004 여영택 『시아재비』

005 장인문 『내 마음의 고향』

006 유병석 『구름개울의 무지개』

007 이재호 『갈잎의 노래』

008 박노익 『액운아 물렀거라』

009 최정석 『明鏡止水錄』

010 김규련 『종교보다 거룩하고 예술보다 아름다운』

011 김녹촌 『토함산 노랑제비꽃』

012 윤길수 『전등사의 여인』

013 임도순 『풀각시와 꼭두놀이』

014 김두희 『사랑의 이정표』

015 정혜옥 『우체국 앞을 지나며』

016 정재호 『한 꺼풀 벗기고 본 세상』

017 김규련 『소목의 횡설수설』

018 이복자 『엄마의 땅 아내의 땅』

019 김규련 『높고 낮은 목소리』

020 이주희 『쇠똥구리는 쇠똥구리로 살고』

021 공진영 『청진아재와 인절미』

022 정혜옥 『돌미나리를 찾아서』

023 이수복 『별빛 따라 꿈길 찾아』

024 김재식 『사랑과 낭만과 자유』

025 곽흥렬 『빼빼장구의 자기 위안』

026 제행명 『눈물이 웃음꽃 되어』

027 정재호 『그대에게 드리는 선물』

028 최해남 『굴뚝새가 그리운 것은』

029 허창옥 『길』

030 이재호 『석 장의 지폐』

031 이동민 『감각의 제국, 그 벽 속에서』

032 김규련 『귀로의 사색』

033 신재기 『침묵의 소리를 듣는다』

034 허정자 『작가의 방』

035 이정웅 『나무들이 들려주는 푸른 대구 이야기』

036 전상준 『행복한 삶 아름다운 삶』

037 견일영 『아름다운 영혼』

038 김성복 『청산별곡』

039 김형규 『빨간 석류알』

040 박주병 『겁탈』